Francisco Caseiro Neto
Pablo Jiménez Serrano

Direito Romano

Aplicabilidade da Terminologia Jurídica
Romana no Direito Contemporâneo

Jurismestre

EDITORA JURISMESTRE

FICHA CATALOGRÁFICA
Bibliotecária: Alice Tacão Wagner - CRB 7/RJ 4316

C337d Caseiro Neto, Francisco da Silva.
Direito romano: aplicabilidade da terminologia jurídica romana no direito contemporâneo. [livro eletrônico] / Francisco da Silva Caseiro Neto; Pablo Jimenéz Serrano. – Rio de Janeiro: Jurismestre, 2018.

113 p. : Il.

ISBN 978-85-69257-41-7

1. Direito romano. I. Título.

CDD – 340.54

***Editoração e Acabamento*:**
Editora Jurismestre – Rua H, n. 173
Fone: (24) 99905-8200 – 27251-223 – Volta Redonda, RJ.
www.loja.jurismestre.com.br
contato@jurismestre.com.br

Francisco da Silva Caseiro Neto

Graduado em Direito pela PUCSP. Mestre em Direitos Difusos e Coletivos, Doutorando em Processo Civil Coletivo e Professor de Processo Civil na mesma Universidade. Advogado em São Paulo

Pablo Jiménez Serrano

Graduação em Direito pela Universidade do Oriente, Cuba (1983), Mestrado em Epistemologia da Política e do Direito pela Universidade São Judas Tadeu (2005) e Doutorado em Direito pela Universidade do Oriente, Cuba (1996), diploma revalidado (RECONHECIDO), de acordo com os documentos constantes do Processo n. 2000.1.4694.1.7 pela Universidade de São Paulo - USP/SP (02 de agosto de 2004). Cursou o Programa de Doutorado: Metodologia Fontes e Instituições Jurídicas da Universidade de Alicante, Espanha. Professor e pesquisador do Centro Universitário Salesiano de São Paulo, Unisal, Lorena. Professor e pesquisador do Centro Universitário de Volta Redonda, UniFOA. Tem experiência na área de Direito, com ênfase em Direito Civil e Direito do Consumidor, atuando principalmente nos seguintes temas: Metodologia do Ensino e da Pesquisa Jurídica, Hermenêutica e Interpretação Jurídica, Filosofia do Direito, Ética Pública e Empresarial, Teoria do Direito etc. É autor de vários livros e artigos científicos.

SUMÁRIO

INTRODUÇÃO

A presente obra tem como objetivo oferecer uma visão sistemática da evolução histórica das instituições do direito romano, para facilitar a compreensão e o estudo deste importante direito nas universidades.

Assim, a construção científica da mesma, teve como justificativa, a necessidade de orientar o estudo do Direito Romano como uma disciplina básica e fundamental nos primeiros anos das carreiras de direito.

Pode-se afirmar que o caráter básico do direito romano reside na utilidade de seu estudo, pois com ele se facilita e viabiliza a compreensão da abundante terminologia com a qual se trabalha nas diversas disciplinas jurídicas. Por outro lado, o direito romano tem um caráter fundamental, pois, como parte histórica e da ciência do direito, fornece os conhecimentos que antecedem e criam as bases para o posterior estudo dos institutos jurídicos.

No mundo acadêmico, o direito romano também tem um caráter interdisciplinar, pois ele se integra e se vincula a todos os demais ramos do direito. Note-se que cada instituto ou ramo jurídico, seja público ou privado, se explica a partir de um tratamento histórico e etimológico, que é buscado na teoria e prática do direito romano.

Verifica-se, portanto, que dentro das questões mais relevantes do direito romano, está sua contribuição terminológica e normativa para a teoria do direito, contribuição que repercute no trabalho legislativo (elaboração das regras e normas jurídicas), na interpretação e aplicação do direito por parte dos juízes e demais operadores do direito, e na explicação e construção de novas teorias por parte dos professores, pesquisadores e demais profissionais da área jurídica.

Com esta nova obra, pretendemos enriquecer o acervo cultural da literatura romanística, levando às universidades, em forma didática e amena, o conhecimento da evolução e o uso das diferentes instituições jurídicas romanas.

Seguindo um plano lógico, nos primeiros capítulos desenvolvemos uma importante visão política, sócio- cultural e jurídica de Roma, e imediatamente, nos posteriores capítulos, explicamos em detalhe, o significado e o desenvolvimento de cada instituto jurídico romano.

Espera-se, assim, poder contribuir para o conhecimento e a prática eficiente na solução dos conflitos jurídicas, procurando-se igualmente identificar as bases históricas do direito contemporâneo.

Gostaria de agradecer a todos os docentes de discentes que reconhecem o Direito Romano como uma das referências mais importantes do direito brasileiro e ibero-americano.

A todos muito obrigado e boa leitura!

Capítulo 1
Importância e Utilidade do Estudo do Direito Romano

O direito romano representa, no campo das ciências jurídicas, uma referência normativa que ainda domina o pensamento dos mais modernos doutrinadores. Por isso, a evolução de todo o direito moderno descansa no direito romano.

A evolução histórica e normativa do direito romano, mostra o tecnicismo das normas reguladoras da vida social, sendo dita normativa, sem dúvida alguma, a mais orgânica, contínua, profunda e progressiva de todas as histórias jurídicas.

Pela sua expansão e limite no tempo e no espaço, o direito romano é designado como "o conjunto de regras jurídicas que vigoraram no império romano durante cerca de 12 séculos, desde a fundação da cidade, em 753 a. C., até a morte do imperador Justiniano, em 565 depois de Cristo"[1]. (Para alguns, entre os quais nos colocamos, de 753 a 1453 d.C.)

O impetuoso desenvolvimento jurídico de Roma acompanhou a própria vida de seu povo. Assim, se afirma que a história do direito romano constituiu um verdadeiro ideal científico jurídico para a humanidade, do que resulta, ao se estudar o tecnicismo jurídico romano, compreendermos que ele não é uma criação arbitrária de um legislador, nem tampouco um ideal permanente adaptado a todos os tempos e a todo os povos.

Sabe-se que o direito utilizado por um povo constitui uma das expressões mais significativas do grau de sua cultura. Por isso, o estudo da evolução desse direito fornece os fundamentos sociais, políticos, econômicos, jurídicos e culturais que nortearam a conduta desse conglomerado humano, estabelecendo, também os motivos que causaram as periódicas transformações na sua legislação[2].

Hoje se destaca a utilidade do estudo e do conhecimento do direito romano por diversas razões, essencialmente pela importância histórica, pois o direito atual é baseado em compilações vazadas no direito romano, porque os romanos tiveram aptidão especial para o direito, criando uma inteligência e uma forma de raciocínio jurídicas que nos seguem até o presente. Ademais, o estudo do direito romano deve ser visto como um auxiliar precioso para o estudo de todos os povos de influência romano-germânica[3].

O estudo do direito romano nos ensina que o direito como ciência é um produto humano e sistemático que emana da consciência do povo e que vai alcançando um nível de desenvolvimento superior em cada período histórico.

Assim, a permanência de algumas das instituições jurídicas romanas no direito contemporâneo faz com que esse direito seja considerado parte da história do direito moderno e parte da cultura universal.

---

1 CRETELLA, Júnior J. *Curso de Direito Romano*. 14. ed. revista e aumentada. Rio de Janeiro: 1991, p 8.

2 CRUZ José Rogério Tucci & Luiz Carlos de Azevedo. *Lições de história do processo civil romano*. São Paulo: Revista dos Tribunais, 1996, p 22.

3 SALVO Venosa, Sílvio de. *Direito Civil*. Parte Geral. São Paulo: ATLAS, 2001, p 49.

Esta é a razão pela qual se constata que "muitos institutos do direito romano não morreram: estão vivos, ou exatamente como foram, ou com alterações tão pequenas que se reconhecem, ainda, nos modernos institutos de nossos dias que lhes corresponde (...)"[4].

O direito romano *justinianeus*, por exemplo, se estendeu por toda Itália e por todo o Ocidente, assumindo a forma do direito comum, desenvolvendo-se também no Oriente na forma do direito bizantino e constituindo a base do direito muçulmano.

Esse mesmo direito de Justiniano, foi estudado em toda a Europa, desde o século XII, e aceito oficialmente na Alemanha em fins do século XV, teve grande influência na formação do direito atual, refletindo-se na redação dos modernos códigos e, em especial, no Código Civil francês de 2 de março de 1804 e no Código Civil alemão de 1900[5].

Assim, podemos dizer que todo o mundo civilizado leva impresso o selo das normas jurídicas romanas e como prova disso, em muitos países iniciou-se um processo de adaptação do direito romano à nova sociedade.

Em suma, o direito romano se destacou pelo caráter dinâmico de suas instituições. A terminologia criada pelo gênio romano transitou por toda a história jurídica e se inseriu nas mais modernas legislações, sendo ainda fonte do conhecimento jurídico, histórico e político.

De sorte, ao estudar o direito romano verificamos que sua principal riqueza está na contribuição terminológica à teoria e à história geral do direito. "O direito romano fornece ao jurista a sua linguagem, a sua maneira de pensar os problemas, oferecendo-lhe, ainda, os elementos históricos, bastante nítidos e referidos a fontes acessíveis, para a compreensão dos institutos modernos"[6].

Como explicamos nesta obra, ao investigar a origem de quase todos os termos jurídicos pertencentes ao Direito Civil: Direito de Propriedade, Direito de Família, Direito de Obrigações e Contratos e Direito de Sucessões, verificamos que a maior parte dos mesmos tem seu significado etimológico derivado do latim. Na verdade, a importância do estudo do direito romano reside na extraordinária possibilidade com que ele nos brinda em conhecer as raízes da maioria da terminologia jurídica, que ainda em nossos dias são utilizadas.

---

4 CRETELLA, Júnior J. Op., cit., p 10.

5 Ibidem.

6 POLETTI, Ronaldo. *Elementos de Direito Romano Público e Privado*. Brasília: Brasília Jurídica, 1996, p 17.

Capítulo 2

Estudo do desenvolvimento histórico e sócio- jurídico de Roma

Diversos historiadores e juristas-pesquisadores resumem a história de Roma em cinco etapas ou períodos:

Primeira - Realeza (753 até 510 a.C.);

Segundo - República (510 até 27 a.C.);

Terceira - Alto império (27 a. C. até 284 d. C.);

Quarta - Baixo império (284 até 565 d. C.);

Quinta - Bizantino (565 até 1453 d. C.).

A divisão do direito romano em essas ou outras etapas, obedece às necessidades didáticas ou metodológicas. Assim, para possibilitar o estudo da evolução jurídica de Roma tem-se agrupado a mesma em cinco ou mais fases, segundo critérios políticos ou jurídico-normativos.

Como resultado do presente estudo, levando em conta a vasta dimensão da história de Roma e a impossibilidade real e objetiva de revivê-la numa obra como esta, entendemos que a divisão que facilitaria a compreensão da evolução dos diferentes institutos romanos é aquela na qual se estabelece um limite de espaço e de tempo entre os dois mais importantes documentos jurídicos romanos: a Lei das XII Tábuas e o *Corpus Juris Civilis*.

Portanto, atendendo não só a critérios metodológicos, como também a jurídicos, a seguir, propomos três períodos, com os quais caracterizamos essa importante evolução das instituições jurídicas romanas:

1ª) Período em que vigora o direito romano desde a fundação de Roma até a Lei das XII Tábuas (753-450 a. C.);

2ª) Período em que vigora o direito romano desde a criação da Leis das XII Tábuas até o *Corpus Juris Civilis* de Justiniano (449 a. C. – 528 d. C.);

3ª) Período em que vigora o direito romano desde a criação do *Corpus Juris Civilis* até o fim da Idade Média (528 - 1453 d. C.).

2.1. Período em que vigora o direito romano desde a fundação de Roma até a Lei das XII Tábuas (753-450 a. C.)

O primeiro período que inicia a história e a cultura romana foi também chamado de período da Realeza, etapa em que Roma foi governada por sete reis, a saber: Rômulo (latino: 754 a 717), Numa Pompílio (sabino: 716 a 673), Tulio Hostílio (latino: 672 a 641), Anco

Márcio (sabino: 639 a 616), Tarquínio Prisco (etrusco: 616 a 579), Sérvio Túlio (etrusco: 578 a 535) e Tarquínio, o Soberbo (etrusco: 534 a 510).

O período da realeza, segundo os historiadores, se desenvolveu entre 753 a 510 a. C. A história mostra a fundação de Roma como o resultado da evolução legendária de uma série de fatos ocorridos entre os anos 1200 a 753 a. C., quando Rômulo e Remo, sucessores e netos de Númitor, décimo terceiro rei de Alba Longa, fundaram a nova cidade.

A constituição política nesse período, afirma José Carlos Moreira Alves, se resume em três termos: o "rei", o "senado" e os "comícios". O rei era o magistrado único e vitalício que como chefe de Estado, tinha o comando supremo do exército, o poder de polícia, as funções de juiz e de sacerdote, e amplos poderes administrativos (declarava a guerra e decretava a paz); o senado, que era o conselho do rei, sendo os seus membros denominados *senatores* ou *patres*; e os comícios que eram uma assembléia convocada pelo rei[7]. Como se verá mais adiante, esses três elementos: rei, senado e comícios, se vincularam na primeira etapa da sociedade romana para compor um verdadeiro esquema político.

A sociedade neste primeiro período estava organizada da seguinte forma:

a) patrícios (*gentes*): homens livres agrupados em clãs familiares de tipo patriarcal;

b) plebeus: que nos primeiros tempos não faziam parte da organização política;

c) *gens*: grupo de pessoas que descendiam da linha masculina;

d) clientes: conjunto de pessoas (estrangeiros, refugiados, escravos, etc.) agregadas aos patrícios, que viviam sob proteção do *pater familias*.

A origem da plebe é muito discutida pelos historiadores, confundindo-se, às vezes, o problema étnico com o jurídico.

Certo é que os plebeus foram excluídos da vida cidadã, vivendo em massa fora da *urbes palatina* e morando nas colinas.

Diz-se que, depois de Rômulo, aconteceram fatos históricos importantes, tais como:

1°) Acede ao trono o sabino Numa Pompilio, que organiza os ritos, o calendário e os colégios sacerdotais;

2°) Numa Pompilio foi sucedido por Túlio Hostílio, de origem latina, que destrói Alba Longa e traslada a Roma seus habitantes;

3°) O sabino Anco Márcio funda o porto de Ostia;

4°) Tarquínio, procedente de Etruria, chega ao poder e inicia obras de urbanização, vence outros povos latinos e sabinos, e depois, seu genro, Sérvio Túlio, constrói o primeiro muro de Roma dividindo a cidade em quatro circunscrições, e a população, segundo a posição econômica, em cinco classes, distribuídas em centúrias;

7 MOREIRA Alves, José Carlos. *Direito Romano*. 7. ed. Rio de Janeiro: Forense, vol. I, 1991, p 7-11.

5°) Um genro de Sérvio Túlio, filho de Tarquínio e apelidado de o Soberbo, depois de assassinar o sogro, toma o poder, exercendo-o tiranicamente;

6°) Ante os abusos de Tarquínio e sua família, o povo reage e os expulsa;

7°) Reunidas as centúrias, são eleitos os primeiros cônsules, Junio Bruto e Tarquinio Colatino, líderes do movimento revolucionário[8].

A história confirma que, com Sérvio Túlio (penúltimo rei de Roma), ditaram-se medidas favoráveis à plebe, pois este se mostrou favorável à incorporação da plebe à cidade, atribuindo-lhes o dever de pagar impostos e concedendo-lhes o direito de praticar o comércio, além de participar na elaboração das leis (em assembléias no Campo de Marte).

Em suma, da constituição social pré-romana se originou a cidade e as instituições estatais da *"civitas"*. Essa constituição teve uma importância fundamental na história do direito romano, pois se o direito público surgiu e se desenvolveu em torno da *"civitas"*, o direito privado (o direito que sobreviveu à queda do Império romano), reconheceu por base a família, a *"gens"*, nas relações inter-familiares.

A palavra *"gens"* ou *"genus"* significava, em latim, povo, nação, comunidade política e geralmente se empregava no sentido de *"civita"*.

Chamou-se *gens* ao núcleo político precedente da *"civitas"*. A *"gens"* era a unidade social na organização romana do início da realeza, uma aglomeração de famílias que, segundo as circunstâncias ou a fortuna, podia constituir uma grande casa, burgo ou um município; sendo assim, a *"gens"* era considerada como uma agregação natural e territorial de famílias ordenadas em municípios.

Os membros das *"gens"* se reputaram consangüíneos, no sentido de que os membros da uma comunidade político/nacional se consideraram do mesmo sangue, recebendo título e consideração, uma pessoa que nascia dentro da mesma *"gens"*.

Os membros de uma *"gens"* apareciam como descendentes de um tronco comum, do qual derivava o nome.

Com a evolução posterior de Roma, originou-se uma hierarquia familiar que repercutiu na cidadania. Assim, os cidadãos romanos eram: chefes de família, filhos de família, mães e filhas. Os chefes de família (púberes ou impúberes) tinham potestade própria.

Eram "agnadas" as pessoas unidas por parentesco do sexo masculino: o irmão nascido do mesmo pai, o filho do irmão ou o neto do mesmo, o tio paterno e o filho do tio paterno.

Os que estavam unidos pelo parentesco de sexo feminino não eram agnados, tinham outra denominação, conforme o *ius naturale*, "cognados". Assim, entre o tio materno e o filho do irmão não existia agnação, mas sim cognação. Igualmente, o filho da tia paterna ou materna não era "agnado", mas sim "cognado", e assim, reciprocamente.

O processo de estruturação política de Roma no primeiro período se desenvolveu num espaço geográfico demarcado entre as colinas do Tibre e a formação das *"urbes"*.

8 PIETRO Alfredo di & LAPIEZA Elli, Ángel Enrique. *Manual de Derecho Romano*. 4. ed. Buenos Aires: Depalma, 1995, p 20-21.

Na antiguidade romana, como na Idade Média, a união de várias cidades constituíram o *"regnum"*, fazendo desaparecer as cidades pequenas que foram absorvidas pelas dominantes.

É oportuno ressaltar que a estrutura política elementar de Roma descansou no povo menos livre que escutava e no povo mais livre que discutia, aprovava, presidia e resolvia.

A monarquia parecia ser a fase primeira de qualquer povo, depois de evoluir da fase primitiva. O rei era chefe civil e religioso, além de militar, e tinha a livre disposição sobre as terras e a potestade de designar a seu sucessor. No entanto, foi duvidosa a faculdade legislativa do rei.

Dada a influência e predomínio do *rex* (detentor do *imperium*) na sociedade, se designou a monarquia com o nome da constituição do reino.

O rei (*rex, magister populi*) era magistratura única por representar a potestade pública, ao soberano único com magistratura vitalícia, com poderes religiosos, militares e judiciários. Assim, se evidenciou a concentração de poderes em uma magistratura única, pela persistência do ditador, o *magister populi.*

Quanto à função conselheira, o rei não estava obrigado a satisfazer a opinião do senado e só mesmo o consultava, para dirimir questões graves.

O senado, criado por Rômulo, foi constituído de 100 membros, os *patres*, normalmente, os homens mais velhos e experientes. Fazia-se acompanhar de 12 lictores[9].

O *"senatus"*, composto por patrícios e segundo suas competências, foi considerado como:

a) a assembléia dos senhores (*patres*) ou dos anciãos (*senatores*);

b) conselho do rei que ratificava as deliberações comerciais;

c) detentor da *auctoritas* e o *populus*.

Igualmente, o senado tinha amplas possibilidades para seu funcionamento, mas devia ser convocado por um magistrado com o *ius agendi cum senatu*. Ainda que tradicionalmente se reunisse num edifício chamado "cúria", podia se reunir em qualquer lugar e data. Tampouco tinha quorum mínimo obrigatório, funcionando com o número de senadores que se achassem presentes[10].

A composição do *"senatus"* oscilou segundo os interesses da política romana. Eram em número de 300 até a ditadura de Lúcio Cornélio Sila, que elevou esse número a 600; o ditador Caio Júlio César (49 - 44 a. C.) aumentou o número para 900, passando, posteriormente, a ser de 1.000. Durante o principado, o número diminuiu e chegou a ser de 600[11].

9 MEIRA, Sílvio. *Curso de Direito Romano*. Histórica e Fontes. São Paulo: LTr, 1996, p 30.

10 PIETRO Alfredo di & LAPIEZA Elli, Ángel Enrique. Op. cit., p 41.

11 Ibid., p 41.

A massa organizada dos que formavam parte da *"civitas"* tomou o nome de *"populus"*. O povo se reunia quando era convocado pelo magistrado; para receber comunicações e editos ou para outros fins se fosse considerado pertinente pelo rei. A esta reunião dava-se o nome de "contiones" que constituíam a assembléia legal.

Diz-se que "de Rômulo a Sérvio Túlio (754 a 578 a. C.) vigorou a organização patrícia. A plebe, colocada à margem da vida política, não tomava parte nos órgãos legislativos. A sociedade romana se encontrava dividida em duas classes de difícil conciliação: patrícios e plebeus. Só os primeiros poderiam exercer os direitos próprios do cidadão romano (*ius proprium civium romanorum*). Apenas os patrícios concorriam às atividades públicas. Os senadores eram patrícios. Até o casamento entre pessoas das duas categorias foi proibido"[12].

As "cúrias" eram as divisões pelas quais se organizava o povo. "As *Comitia Curiata"* surgiram com Rômulo. A cidade se dividia (...) em tribos (*Ramnes* sobre o palatino; *Tities*, sobre o Esquilino e *Luceres*, sobre o Célio). Cada tribo possuía 10 cúrias. Total: 30 cúrias"[13].

Cada "cúria" tinha um voto, mas antes das "cúrias" os votantes se distribuíam por gentes e não se recebiam os votos das gentes, senão pelos indivíduos.

A ordem das "tribos" e das "cúrias" é também a ordem do exército; segundo a tradição, cada "cúria" fornecia cem infantes (*pedites*) e dez cavaleiros (*celeres*, e mais tarde *equites*), ou seja, mil infantes e cem cavaleiros cada "tribo".

A competência eleitoral, legislativa e judicial das "cúrias" supõe a ordenação do povo que não teve lugar até o surgimento da plebe e a extinção das gentes.

Nas "cúrias", tinham lugar, ainda na idade republicana e sob a presidência do *rex sacrorum*, a designação do sucessor pelo cabeça de família (testamento). Igualmente, ante as "cúrias" tinha lugar a obscura cerimônia da *detestatio sacrorum*, a qual guarda indiscutível relação com o ordenamento gentilício.

As fontes do direito romano durante a realeza foram duas: o costume e a lei. Na realeza, os reis levavam a *lex* ao povo, reunido em comícios *curiatos* (dos patrícios) ou *centuriatos* (dos plebeus). O povo, ou aceitava ou rejeitava a iniciativa real. Se o povo aceitasse a iniciativa do rei, a regra de direito tornava-se obrigatória, depois de ratificada pelo "senado"[14].

A abolição da Monarquia e a fundação da República (510 a 27 a.C.) originou uma nova ordem da cidadania e da nova assembléia comicial.

Segundo os estudiosos, "ao rei sucede o poder consular, representado pelos cônsules do *imperium* e que encarnam a suprema magistratura. Eleitos em número de dois, anualmente, governam, revezando-se um mês cada um, até o fim do ano. O cônsul em exercício é

12 MEIRA, Sívio. Op. cit., p 33.

13 Ibidem.

14 CRETELLA, Júnior J. Op. cit., p 37.

fiscalizado pelo colega, que tem contra ele a *intercessio* ou direito de veto, em caso de discordância"[15].

A República aceitou os mesmos elementos na sua constituição política: magistratura, senado e povo. Sua caraterística essencial é a de limitar a magistratura e o engrandecimento dos outros poderes do Estado. Os limites fundamentais são a colegialidade e a temporalidade do cargo. O nome de *rex* foi abolido; os novos magistrados se chamaram, segundo as funções que desempenhavam, generais (pretores), ou juízes (*iudices*).

A anualidade e a colegialidade subsistem em toda a duração da República, com o objetivo de salvaguardar a *libertas*, e o novo regime foi a antítese da dominação do rei. A colegialidade constituiu a nota mais original do sistema.

A "plebe" representou uma mudança profunda que marcou o trânsito do município gentilício ao cidadão e que se manifestou nas outras duas ordens da "*civitas*": o povo e o senado. Essa mudança se produz em correlação com uma classe social que está fora da ordem gentilícia: a "plebe".

As instituições jurídicas romanas neste período se desenvolveram a partir da classificação do direito em público e privado. O direito público referia-se à maneira de ser do Estado romano, tendo como conteúdo o relativo ao culto, aos sacerdotes, às autoridades. O privado referia-se à utilidade dos particulares e reunia conceitos naturais do *Ius gentium* e *civiles*.

Para o direito romano, o *Ius naturale* não era privativo do gênero humano, pois era aquele que a natureza ensinava a todos os animais. Daqui provinha a concepção do casamento e da procriação de filhos.

O *Ius gentium* era usado pelos homens, pelo povo, e se diferenciava do natural por ser este último comum a todos os animais.

O *Ius civile* era aquele que não se separava do direito natural nem do de gentes era o direito privativo das "*civitas*". Nesta consideração o *ius* tinha um duplo sentido: aquele que é sempre justo e bom (*Ius naturale*), e aquele que é eficaz para todos ou a maioria em cada "*civitas*". Em outra acepção também se chamava *ius* o lugar no qual se emitia o direito.

O direito pretório se introduz pelo pretores para ajudar a corrigir o *Ius civile* , por razão da utilidade pública, o qual se chamava também *honorarium*, denominando-se assim em atenção ao honor (dignidade ou cargo) dos pretores.

O *Ius singulare* era contrário à tendência da regra geral, e implantado em atenção à conveniência de uma determinada autoridade.

Segundo a divisão posterior do direito das pessoas, algumas eram consideradas independentes (*sui iuris*) e outras estavam sujeitas ao direito de outro (*alieni iuris*). Entre essas pessoas sujeitas ao direito alheio, umas, o estavam por potestas, outras a *manus* ou a *mancipium*.

---

15 Ibid, p 40.

Durante a República, junto ao costume e à lei, exsurgiram também, como fontes do direito romano, o plebiscito (coisa submetida a deliberação da plebe pela proposta de um magistrado- plebeu), a interpretação dos prudentes (jurisconsultos que tinham a função de preencher lacunas jurídicas, adaptando o texto legal à vida prática) e os editos dos magistrados (conjunto de declarações de projetos pelos magistrados: cônsules, censores, pretores e governadores das províncias).

Noticia-se que "na República, o *pretor* exercia influência considerável sobre o direito romano. Como todos os demais magistrados jurídicos era investido da *jurisdictio*, mas, além disso, era o detentor do *imperium*. Pela *jurisdictio* podia não julgar, mas dizer o direito e organizar os processos confiados aos jurados.

Ao assumir o cargo, o pretor indicava o edito, afixado no *forum*, para os casos em que ia usar o *imperium*, dado a conhecer as diversas fórmulas que aplicaria às partes para a sanção de seus direitos. Existiam vários tipos de editos: o edito *urbano* (proclamado pelo pretor urbano), *perpétuo* (durava o mesmo tempo que o período do pretor (um ano), *repentino* (de emergência ou circunstancial que se faz em caso especial) e a "*pars translaticia*" (preceitos aproveitáveis) do edito, conservados pelo novo pretor que sucede o anterior"[16].

O acontecimento mais importante da República, no entanto, do ponto de vista jurídico, foi a criação da Lei das XII Tábuas, resultado da luta da plebe por novos direitos, mas repudiada pelos patrícios e pelo senado.

O direito escrito encontrou nesse ordenamento jurídico, "um monumento para o direito que revela claramente uma legislação rude e bárbara, fortemente inspirada em legislações primitivas e talvez muito pouco diferente do direito vigente nos séculos anteriores"[17].

A Lei das XII Tábuas foi o resultado de um intenso trabalho comparativo das leis gregas e se constituiu na fonte de todo o direito público e privado romano na República.

Pela relevante importância deste documento histórico-jurídico, a seguir fazemos um discreto comentário de seu texto.

2.1.1. Um comentário à Lei das XII Tábuas

A Lei das XII Tábuas, conjunto de normas expressadas em tabelas de bronze, foram o resultado da luta de classes e da evolução favorável do direito em Roma.

A forma em que foram redigidas as regras da Lei das XII Tábuas, denotava simplicidade e brevidade, e nelas ressaltava-se o tecnicismo primitivo dos legisladores romanos da época.

Como bem afirmou Pietro Bonfante, no campo mesmo do Direito, a Lei das XII Tábuas não codificou todos os costumes vigentes, nem sancionou as instituições fundamentais do povo romano e por isso, o próprio autor a chamou de legislação primitiva, incompleta e inorgânica[18].

---

16 Ibid., p 48.

17 SALVO Venosa, Sílvio de. *Direito Civil*. Parte Geral. São Paulo: ATLAS, 2001, p 54.

18 BONFANTE, Pietro. *História del Derecho Romano*. Madrid. Revista de Derecho Privado, vol 1, 1944, p 149.

De qualquer forma, durante a elaboração da Lei das XII Tábuas (Tábuas I-III), em matéria de procedimento, foram criadas regras coerentes e taxativas, "que tendiam a produzir maior estabilidade e certeza nos costumes, com o propósito de evitar violências e abusos; e estas mesmas normas afetam a ordem exterior do processo (*in ius vocatio*, presença das partes, rebeldia, termos) e sua fase de execução"[19].

Com o uso da linguagem da época -e não poderia ser de outra maneira- foram regulamentadas tanto as questões relativas ao direito substantivo, quanto ao direito processual, analisando-se de forma alternada, regras referentes ao Direito de Família, Direito Penal, Direito da Propriedade, entre outros.

Fazendo referência à Tábua I, Bonfante[20] chamou de duras e arbitrárias as disposições do ordenamento jurídico romano da época, pois como se pode observar, se impunha a obrigação de comparecer a juízo ao idoso, deficiente físico ou doente, não existindo obstáculo para levá-los por meio do uso da força, ante o Tribunal, do modo mais violento, tal e como se expressa nas seguintes regras:

---

19 Ibid., p 149-150.

20 Ibid., p 199.

FRAGMENTOS DA LEI DAS XII TÁBUAS

(Com base na reconstituição de BONFANTE, Pietro. *História del Derecho Romano*. Madrid: Revista de Derecho Privado, vol 1, 1944)

TÁBUA I

(*De in jus vocando*: processo *in jure* ou chamamento a Juízo)

Si in ius vocat (ito). Ni it antestamino I g i t u r em capito (Pomp., L. 2 § 24. D., I, 2). [Se alguém é chamado a Juízo, compareça. Se não comparece, tome testemunhas e prende-o].

Si calvitur, pedunve struit: manum endo iiacito. [Se procurar enganar ou fugir, pode lançar mão sobre (segurar) ele].

Si morbus aevitasve vitium escit iumentum dato. Si nolet, arceram ne sternito. [Se uma doença ou a velhice o impede de andar, forneça um jumento. Se não aceitá-lo, forneça um carro, sem a obrigação de dá-lo coberto (veículo coberto)].

Asiduo vindex asiduus esto; proletario iam civi quis volet vincex esto. [A um possuidor se garante um possuidor. Para o cidadão que nada tem será garante qualquer (o rico será fiador do rico; para o pobre qualquer um poderá servir de fiador)].

Rem ubi pacunt orato. [Se as partes entram em acordo em caminho, se entenderá encerrada a causa. (Se se faz paz se pronuncia o acordo)].

Ni pacunt, in comitio aut in foro ante meridiem causam coiciunto. Com peroranto ambo praesentes. [Se não entram em acordo, que o pretor as ouça no *comitium* ou no *forum* e conheçam da causa antes do meio-dia, ambas as partes presentes. (Se não há paz, exponham a causa no comício ou no foro antes do meio- dia)].

Post meridiem praesenti litem addicito. [Depois do meio-dia, se apenas uma parte comparece, o pretor decida a favor da que está presente. (Origem da revelia: depois do meio-dia adjudique-se o objeto do litígio a quem esteja presente)].

Si ambo praesentes solis occasus suprema tempestas esto. [Se ambos estão presentes, o pôr-do-sol será o termo final da audiência].

Si qui in iure manum conserunt (...). [Se os que comparecem ante o Tribunal vierem às mãos (...)]

Deveras, todo esse ordenamento, em nosso critério, demostra a alta disciplina e coercitividade que impunha o gênio romano através do direito.

Destaca-se decisivamente a linguagem da época utilizada nos textos da Lei das XII Tábuas, como reminiscências primitivas, em relação à linguagem utilizada nos textos *justinianeus*.

Assim foram tratadas as questões relativas ao julgamento:

TÁBUA II

(*De judiciis et furtis*: Processo *in judicio* ou Instâncias Judiciárias)

Gaio, § 4, 14; Gell., 16, 10, 8; Liv., III, 44. [Resumo da *legis actio,* posse interina, liberdade interina; garantes e subgarantes].

Si vindiciam falsam tulit, si velit is (...) tor arbitros tris dato, eorum arbitros (rei et) fructus duplione damnum decidito. [Se falsamente tem a posse interina e quer que (...), conceda o pretor três árbitros e segundo o arbítrio deles pague (o possuidor) a multa pela restituição da coisa e dos frutos em dobro].

Gaio, 4, 28. [*Legis actio per pignoris capionem* nas relações sacras].

Morbus sonticus (...) aut status dies cum hoste (...) quid horum fuit unum iudici arbitrove reove eo dies diffissus esto. [Grave doença (...) o dia fixado com forasteiro. Se ao juiz, ao árbitro ou ao réu sobrevem algum impedimento, seja adiado o dia por esta razão].

Cui testimonium defuerit, is tertiis diebus ob portum obvagulatum ito. [Aquele que não tiver testemunhas, irá, por três dias de feira, para a porta da casa da parte contrária, anunciar a sua causa em altas vozes injuriosas, para que ela se defenda].

Gaio, L. 30; D., 44, 6. [Proibição de consagrar as coisas litigiosas].

TÁBUA III

(*De rebus creditis*: execução e créditos)

Aeris confessi rebusque iure iudicais XXX dies iusti sunto. [Aquele que confessa dívida (no litígio) perante o magistrado ou é condenado terá trinta dias para pagar].

Post (deinde) manus iniectio esto. In ius ducito. [Depois dos trinta dias e não tendo pago, ficará sujeito e levado à presença do magistrado (Tribunal)].

Ni iudicatum facit aut quis endo in iure vindicit, secum ducito, vincito aut nervo aut compedibus XV pondo, ne maiore aut si volet minore vincito. [Se não executa a sentença (não paga) ou ninguém se apresenta como fiador (*vindex*) ante o Tribunal, que o devedor seja levado e amarrado com cordas ou cadeias com peso até o máximo 15 libras; ou menos, se assim quiser o credor].

Si volet suo vivito. Ni suo vivit, qui eum vincitum habebit, libras farris endo dies dato. Si volet, plus dato. [O devedor preso viverá à sua custa, se quiser; se não quiser o credor que o mantém preso dar-lhe-á por dia uma libra de pão (farinha) ou mais, a seu critério].

Tertiis mundini partis secanto. Si plus minusve secuerunt, se fraude esto. [Depois do terceiro dia de prisão, dividir o corpo. Se tem cortado mais ou menos, seja sem menoscabo].

Determinados aspectos concernentes ao Direito de Família foram agrupados na Tábua IV, mas tais preceitos estão muito longe de mostrar a organização fundamental da antiga família romana.

Igualmente, no mesmo ordenamento da Lei das XII Tábuas, o Direito Sucessório se vincula com o Direito de Família nas Tábuas IV e V, e de maneira muito peculiar nelas se estabeleceu:

TÁBUA IV

(*De jure patrio et connubii:* Do pátrio poder)

Cic. : De leg., 3, 8, 19. [Obrigação de matar os resultados dos partos monstruosos].

Si pater filium ter venum duit filius a patre liber esto. [Se o pai tivesse vendido por três vezes o filho, este ficava livre do pai]

Cic. : Phil., 2, 28, 69. [Formalidades do divorcio: mandado de tomar as próprias roupas, e atos de retirar as chaves].

Gell., 3, 16, 12. [Duração da concepção para legitimidade dos filhos póstumos (dez meses)].

Gaio, I, 144, 145. [Tutela do sexo].

Ubi legassit super pecunia tutelave suae rei ita ius esto.[Legado do defunto sobre o patrimônio e a tutela da própria família].

Gaio, I, 155. [Quem não tiver tutor testamentário, recebe por tutores aos agnados e gentis].

Si furiosus escit ast ei custos nec escit adgnatum gentilium que in ea pecuniaque ius potestas esto. [Sobre o furioso sem segurança (custódio), *pater familias* ou tutor recaia a potestade dos agnados e dos gentis].

L., I, pr.; D., 27, 10; Ulp.: Reg., 12, 2. [Interdição dos pródigos da administração patrimonial e curatela de agnados e gentis sobre eles].

Gaio, I, III. [A mulher que permanece ausente durante três noites (*trinoctium*) da casa marital, interrompe o *usus*, evitando a sujeição da *manus*].

TÁBUA V

(*De haereditatibus et tutelis*: Das heranças e tutelas)

Uti legassit super pecunia tutelave suae rei, ita ius esto. [Segundo se tenha legado sobre o patrimônio e a tutela de sua família (*res familiaris*), assim será o direito].

Si intestato moritur cui suus heres nec escit adgnatus proximus familiam habeto. [Se morre intestado quem carece de um herdeiro familiar, tem a família do próximo agnado].

Si adgnatus nec escit gentiles familiam habento. [Se não há agnado, tenha a família dos gentis].

Ulp.: Reg., 29, 1; Ulp.: L. 195, § 1, D., 50, 16. [A família do liberto intestado que não tem um *suus heres* é conferida ao patrono].

Gaio: L. 1, pr. D., 10, 2. [Ação para a divisão da herança].

Gordianus: L. 6., Cod., 3, 36. Diocl.: L. 26 Cod., 2, 3. [Se são vários os herdeiros, chamamentos, dividas e créditos se dividem *ipso iure* em proporção as partes hereditárias].

Ulp.: Reg., 2, 4. [O escravo manumitido por testamento sob a condição de dar 10 ao herdeiro, se o herdeiro o aliena adquire a liberdade entregando 10 ao comprador].

Como se observa, se estabeleceram disposições relativas ao dever de matar os filhos disformes e monstruosos, relativas ao poder (durante toda a vida) dos pais sobre os filhos e sobre a duração da gestação.

Note-se a crueldade desse incipiente direito que permitia ao pai matar o filho que nasce disforme, mediante julgamento de cinco vizinhos, pois sobre ele também recaia o direito à vida e morte dos filhos nascidos de casamento legítimo.

Verifica-se que o direito de matar e de vender os filhos dava a legitimidade aos pais os quais eram, de fato e de direito, chefes das famílias.

Foi evidente que a obrigação de matar as crianças deformadas, a sanção pelo abuso das vendas repetidas, das quais a jurisprudência tirou a forma histórica da emancipação, as formalidades do divórcio, a fixação do tempo para a legitimidade, representam normas especiais e positivas[21].

Muito mais vinculado ao Direito de Propriedade se estabeleceram normas referidas às relações de convivência entre os vizinhos e às servidões, ficando estabelecido nas Tábuas VI e VII o seguinte:

TÁBUA VI

(*De dominio et possessione*: Da propriedade e da posse)

Cum nexum faciet mancipiumque, uti lingua muncapassit ita ius esto. [Se alguém efetua uma *mancipatio*, seja com efeito obrigatório, seja com efeito alienativo, será de direito o que declarar].

Usus auctoritas fundi bienium, ceterarum rerum omnium annus usus esto. [A usucapião e a garantia do fundo (alienado) dura um biênio. Para todas as demais coisas, um ano].

Gaio: Inst., 2, 45. [Proibição de usucapir a coisa roubada].

Cic., De leg., 2, 24, 61. [Proibição de usucapir o sepulcro (*bustum*) e o vestíbulo do sepulcro (*forum*)].

Cic.: De leg., 1, 21, 55. [Proibição de usucapir o *iter limitare* e o *ambitus* de cinco pés no confim].

Gaio, 4, 27. [Proibição de usucapir a *res mancipi* alienada pela mulher sujeita a tutela agnatícia].

21 Ibid., p 206-207.

Adversus hostem aeterna auctoritas esto. [Ante o forasteiro, a garantia (da alienação) é perpétua].

Tignum iunctum aedibus vineave e concapi ne solvito. [Que a viga incorporada a um edifício e o pão unido a ela, não sejam separados].

Quandoque sarpa, donec dempta erunt (...) [Quando a vinha se tem podado, ou se tenha tirado vigas de um edifício (pão e vigas podem reivindicar-se)].

Ulp., L. 1, pr. D. 47, 3. [O proprietário do pão e das vigas, não podendo obter a separação, têm, sem embargo, uma dupla ação pelo dobro do valor (*actio de tigno iuncto*)].

Observe-se que, através destas regras se atribuía força de lei a quem empenhava ou vendia a coisa na presença de testemunhas, sendo condenado ao dobro se não cumpria o prometido.

TÁBUA VII

(*De delictis*: Dos delitos)

Varro: De l. L., 5, 22, Festus: voz Ambitus Maecianus: assis distr., 46. [*Ambitus e iter limitare*].

Cic.: De rep., 4, 8; De leg., 1, 21, 55. Gaio, L. 13, D. 10, 1. [Juízo para a fixação dos lindes conferidos a três árbitros].

Gaio, L. 8, D. 8, 3. [Amplitude da servidão de via: oito pés na linha reta, dezasseis na volta].

Viam miniunto, ni sam delapidassint, Qua volet iumento agito. [Mantenha a via. Se não a tem empedrada (quem tem direito ao passo), passe por onde quer com seu jumento].

Si aquae pluviae nocet (...). [Se a água pluvial causar danos por efeito de uma obra feita pelo vizinho (se tem ação para conseguir a restituição ao primitivo estado)].

Paulo, L. 5, D. 43, 8. [Se o canal ou aqueduto conduzido por caminho público prejudica ao particular, este tem ação para obter o ressarcimento].

Ulp., L. 1, § 8, D. 43, 27. [Obrigação de cortar as ramas que pendem sobre o fundo vizinho até a altura de 15 pés desde a terra].

Pomp., L. 2, D. 43, 27. [Direito de podar a árvore do vizinho que se inclina sobre o fundo próprio].

Plin.: Hist. Nat., 16, 5, 15. [Direito de recolher, em dias alternos, os frutos (*glandes*) caídos no fundo do vizinho].

Já se conheciam das relações entre vizinhos e dos direitos e faculdades de uns sobre outros derivados de ditas relações.

Vinculadas ao Direito Penal, as seguintes regras eram exemplo da rudeza do sistema legislativo romano:

TÁBUA VIII

(*De juribus praediorum*)

Qui malum carmen incantassit (...) Cicero: De rep., 4, 10, 12 ap. Aug.: De rep., 4, 10, 12 ap. Aug.: De Civ. Dei, 2, 9: XII tab. Cum perpaucas res capite sanxissent in his hanc quoque sanciendam putaverunt; si quis occentavisset sive carmen condidisset, quod infamiam faceret flagitiumve alteri. [Quem faz uma má bruxaria (seja castigado por crime de sortilégio- bruxaria- magia)].

Si membrum rupsit, ni cum eo pacit talio esto. [Se se privou a uma pessoa de um membro e não se pactou com o ofendido, tenha lugar o talião].

Manu fustive si os fregit libero, CCC; si servo, CL poemam subito. [Se com a mão ou com a bengala rompeu um osso de alguém (homem livre), sofra a pena de 300 asses; se a um escravo, de 150 asses].

Si iniuriam faxsit, viginti quinque poenae sunto. [Se se causou outra lesão, seja a pena de 25 asses].

Rupsit (...) *sarcito.* [Pena por dano].

Si servus furtum faxsit noxiamve noxit (...). [Se um escravo cometeu furto ou causou outra ofensa (...). (*Actio noxalis* para os delitos de escravos e *filiifamilias*, Gai, IV, 75-76)].

Ulp.: L., I, pr. D., 9, 1. [*Atio de pauperie* pelos danos causados por animais].

Ulp.: L., 14, § 3. D., 19, 5. [*Atio* de *pastu pecori*, por pasto ilícito].

Qui fruges excantassit... (neve aliennem segetem pellexeris). [Quem atraiu os cereais alheios com bruxarias, seja castigado].

Plinio: Nat. Hist., 18, 3, 12. [Pasto ilícito ou colheita ilícita dos cereais; pena por enforcamento se o culpado for púbere; se flagelação, com pagamento em dobro se for impúbere].

Gaio, L., 9. D. 47, 9. [Incêndio da casa: pena capital].

Plin.: Nat. Hist., 17, 1, 7. [Poda de árvores alheios: pena de 25 asses por cada um].

Igualmente, existiam normas reguladoras do julgamento por furto e da ordem nos funerais:

TÁBUA IX

(*De jure publico*)

Si nox furtum faxsit, si im occisit, iure caesus esto. [Se cometeu furto de noite e a vítima o matou, seja legitimamente morto].

Luci (...) endoque plorato (...) si se telo defendit. [Durante o dia (...) peça-se a gritos, socorro (...) se se defende com armas (seja legitimamente morto)].

Gellius: Noc. Att., 11, 18, 8. [Furto flagrantes: flagelação ou *addictio* se o ladrão é pessoa livre ou púbere; flagelação e composição se é impúbere; o escravo é precipitado do alto da rocha Tarpéia].

Gaio, III, 191. [*Furtum conceptum et oblatum*: pena do triplo].

Gaio, III, 192. [*Furtum lance et licio repertum*: pena de furto manifesto].

Si adorat furto, quod nec manifestum erit, duplione damnum decidito. [Se a vítima do roubo ação por furto não manifesto, sofra a pena do dobro].

Tac.: Ann., VI, 16; Cato.: De agricult. pr. [Pena do usurário (juros superiores ao *unciarium foenus*): o quadrúpede].

Paul.: In Coll., 10, 7, 11. [Depositário infiel: pena do dobro].

Ulp., L. 1, § 2. D., 26, 10. [Crime *suspecti tutoris* (contra o tutor testamentário)].

Triph., L., 55, § 1. D., 26, 7. [Actio rationibus distrahendis: pena do dobro (contra o tutor legítimo)].

Patronus si clienti fraudem fecerit, sacer esto. [O patrono, se faltou com seu dever de defesa em favor do cliente, seja consagrado aos deuses infernais].

Qui se sierit testarier libripensve fuerit, ni testimonium fatiatur improbus intestabilisque esto. [Quem atuou como testemunha ou tenha a balança na *mancipatio*, se se negar a dar testemunho, seja declarado incapaz para ser testemunha e para ter a balança].

Gellius: Noc. Att., XX, 1, 53. [A falsa testemunha é precipitada desde a rocha Tarpéia].

TÁBUA X

(*De jure sacro*)

Hominem mortuum in urbe ne sepelito neve urito. [Não enterrar nem queimar um cadáver na cidade].

Hoc plus ne facito: rogum ascea ne polito. [Não limpar o cadáver com a tocha (machado). Limitação de lamentações e de gastos].

Cic.: De leg., 2, 23, 59. [Outras limitações dos gastos funerários: três vestidos de luto e dez flautistas].

Mulieres genas ne radunto, neve lessum funeris ergo habento. [As mulheres não se arranhem o rosto (bochecha) nem façam lamentos por causa de funerais].

Homine mortuo ne ossa legito, quo post funus faciat (excipit bellicam peregrinamque mortem); Cic.: De leg., 2, 24, 60. [Não recolher os ossos do morto para fazer novo funeral (salvo morte em guerra ou em terra estrangeira].

Cic.: De leg., 2, 13, 59. [Proibição das tiaras, copos, e outras].

Qui coronam parit ipse pecuniave eius (honoris) virtutisve ergo arduuitur ei. [Quem ganha (no jogos) uma tiara, de forma pessoal ou com seu patrimônio (escravo, cavalo), ou lhe seja concedida por seu valor na guerra (pode ser levada em seus funerais].

Neve aurum addito at cui auro dentes iuncti escunt ast im cum illo sepeliet uretve, ne fraude esto. [(...) nem se agregue ouro. Mas se alguém tiver seus dentes ligados com ouro e o sepultam ou queimam, não há prejuízo].

Latro.: Decl. In Cat., 19. [Proibição das reuniões noturnas].

Gaio, 4. D., 47, 22. [Liberdade de associação, a condição de que os estatutos não violem as leis do Estado].

Também vinculadas ao Direito Penal estavam as seguintes regras:

TÁBUA XI

(Complemento às cinco primeiras Tábuas)

Si telum manu fugit magis quam iecit (aries subicitur). [Se a arma escapa da mão e não é lançada (em expiação, sacrifique um cordeiro)].

Pomp., L., 2, § 23. D., 1, 2. [*Parricidium* (homicídio) e quaestores parricidii].

Marciano, L., 3. D., 48, 4. [Perduellio: pena capital].

Gellius, 20, 1, 7. [Juíz ou árbitro prevaricador: pena capital].

Gaio, L., 3. D., 44, 6. [*Consecratio* da *res litigiosa*: pena do dobro.]

Salv.: De qub. dei., 8, 5, 24. [Proibição de supliciar à pessoa não condenada].

Cic.: De leg., 3, 4, 11, 3, 19, 44; Pro Sex., 30, 65; De rep., 2, 31, 54; 2, 36, 61. [*Provocatio ad populum*: competência dos comícios por centúrias (o *maximus comitiatus*)].

TÁBUA XII

(Complemento da VI à X Tábuas: proibição do casamento entre patrícios e plebeus)

Cic.: De rep., 2, 37, 63. [Proibição de *connubio* entre patrícios e plebeus].

Liv., VII, 17, 12. [A última expressão da vontade do povo e da lei, revoga as anteriores (as últimas leis do povo revogam as precedentes)].

Cic.: De leg., 3, 4, 11, 319, 44, Pro sent., 30, 65; De rep., 2, 31, 54; 2, 36, 61. [Competência do *maximus comitiatus* (comícios por centúrias) nas causas capitais].

Cic.: De leg. Eod; Pro Lext. eod; De domo, 17, 43. [Proibição dos privilégios].

Pomp., L. 2, § 23, D. 1, 2. [*Quastores parricidii*]

Macr.: Sat., 1, 13, 21. Cic: ad Att., 6. 1, 8. [*Dies fasti*].

As condições sócio-econômicas da antiga Roma dependiam essencialmente da agricultura e, tanto o direito como a política, se assentavam sobre essa base, e é justamente por isso que se falava de multas cifradas em ovelhas e bois, pois a categoria dos bens de importância social (*res mancipi*) respondia às necessidades da economia agrícola; as servidões rústicas tinham precedência histórica em relação às urbanas. Igualmente a agricultura, em sua origem, era exclusivamente cerealista[22].

As condições sociais e econômicas existentes nessa época em Roma, justifica a maneira com que foi regulado juridicamente o direito de crédito, o casamento, a tutela, a propriedade e a posse, os direitos prediais, a herança e os delitos.

2.2. Período em que vigora o direito romano desde a criação da Lei das XII Tábuas até o *Corpus Juris Civilis* de Justiniano (449 a. C. – 528 d. C.)

Inclui-se neste período ao chamado Alto Império ou Principado (27 a. C. a 284 d. C.), que vai do reinado de Augusto até a morte de Diocleciano, onde existiu uma dualidade de governo (o governo do príncipe e do senado).

Na organização política deste período, destacou-se a pessoa do príncipe, o qual tinha poderes ilimitados. Igualmente existiu o senado administrando as províncias senatoriais e por isso foi considerado o período de maior poderio de Roma.

Assim, surgiram diversas leis que regulamentaram a relação de Roma com os povos conquistados. Como exemplo dessas leis, os historiadores citam as *leges rogatae* que foram votadas pelo povo por iniciativa ou *rogatio* de um magistrado e as *leges datae,* editadas por esses magistrados, que remontam ao final da República e agrupavam as regras elaboradas em favor de particulares ou de cidades das províncias das províncias.

Diz-se que no princípio do século III se inicia no direito romano uma nova revolução, mais vasta e profunda e que o ponto de partida desta revolução estava na constituição de Antonino Caracalla, ditada em 212, por meio da qual se concedia a cidadania a todos os habitantes do Imperio[23]. Dessa forma, "para poder manter o Império unido, Caracalla estende a cidadania romana a todos os homens livres do mundo romano"[24].

Os modos de formação do direito no alto império obtinham-se pelos costumes, pela lei, pelos *senatosconsultos*, pelos editos dos magistrados, pelas constituições imperiais e pelas respostas dos prudentes. Por isso, as relações sociais eram regidas por esses modelos jurídicos.

Esta foi a época da escola clássica do direito romano que foi fonte dos jurisconsultos, período no qual Roma resplandeceu juridicamente, destacando-se as escolas dos *sabinianos* e a dos *proculeanos*.

A maioria dos historiadores considera que entre os jurisconsultos da escola dos Sabinianos se destacaram os seguintes: Capito, Sabino, Cássio, Javoleno e Sálvio Juliano. Por

22 Ibid., p 280

23 ARANGIO-RUIZ, Vicenzo. *Instituciones de Derecho Romano*. Trad da 10. ed italiana por José M. Caramés Ferro. Buenos Aires: Depalma, 1986, p 5.

24 SALVO Venosa, Sílvio de. Op. cit., p 49.

outro lado, sabe-se que dentro da escola dos Proculeanos destacaram-se: Labeão, Próculo, Celso e Nerácio. Também passaram à historia os jurisconsultos Papiniano, Gaio, Paulo, Modestino e Ulpiano.

Já no Baixo império ou *Dominato* (284 até 565 d. C.), período que vai desde Diocleciano até Justiniano, o espaço político de Roma se transformou pela concentração dos poderes num soberano que governa só (monarquia).

Outro acontecimento histórico significativo, foi a divisão do Império Romano em duas partes, (com a morte de Teodósio I) resultando assim: o Império Romano do Oriente e do Ocidente (395 d. C.). Cada um desses blocos políticos é entregue a um imperador: Arcádio, filho mais velho do imperador, fica com o Oriente, que governa de 395 a 408; Honório fica com o Ocidente, por ele governado de 395 a 423[25].

No baixo império, as constituições imperiais (*leges*), foram a única fonte do direito romano e eram ordens, *leges* edictales emitidas pelo imperador.

Do ponto de vista jurídico, neste período se destacaram as compilações, codificações ou reuniões de leis.

As compilações, segundo Cretella Júnior[26], se agruparam da seguinte maneira:

1.- Pré-justinianéias:

- Particulares: Código (gregoriano, hermogeniano), Fragmentos do Vaticano e Livro sírio-romano.
- Oficiais: Leis romanas dos bárbaros (Breviário de Alarico e Lei dos borgúndios).

2.- Justinianéias:

- Código;
- *Digesto*;
- *Institutas*;
- *Novelas*.

3.- Pós-justinianéias:

- Paráfrase das *Institutas* de Justiniano.
- Basílicas.

2.3. Período em que vigora o direito romano desde a criação do *Corpus Juris Civilis* até o fim da Idade Média (528 - 1453 D. C.)

Em 527 d.C., sobe ao trono, em Constantinopla, Justiniano, que inicia ampla obra militar e legislativa, nomeando uma comissão de dez membros (entre os quais Triboniano, ministro do imperador, e jurisconsulto de grande mérito) para compilar as constituições imperiais vigentes. Em 529, estava a compilação pronta, e foi intitulada *Nouus Iustinianus Codex*[27].

---

25 CRETELLA, Júnior J.Op. cit., p 63.

26 Ibid, p 65.

27 MOREIRA Alves, José Carlos. *Direito Romano*. 7. ed. Rio de Janeiro: Forense, 1991, p 56.

Justiniano conseguiu, através de geniais compiladores, sistematizar e reviver o direito romano disperso, criando um só corpo jurídico, tendo como base diversos textos legais.

Para isso, esse imperador ordenou a elaboração do *Corpus Juris Civilis* (Corpo do Direito Civil), resgatando e readaptando a criatividade e a tradição jurídica romana, desenvolvida nos 1200 anos precedentes.

O *Corpus Juris Civilis* compreendia: o *Código*, *Digesto*, as *Institutas* e as *Novelas*.

a) O *Código*

O *Código*, (compilação das *leges*) como documento, foi dividido em livros (doze) e títulos.

Diz-se que "em 13 de fevereiro de 528 através da constituição *Haec quae necessario,* Justiniano nomeou uma comissão de dez membros presidida por João, *ex quaestor sacri palatii* e integrada, entre outros juristas, por Triboniano, um dos jurisconsultos mais notáveis da época (Justiniano chamava-o de *vir magnificus*), e por Teófilo, professor de direito em Constantinopla, para fazer uma compilação de *Leges*.

A matéria à disposição dos comissionados eram os códigos Gregoriano, Hermogeniano e Teodosiano, e as novas constituições de Teodósio II e dos imperadores que lhe sucederam, inclusive as do próprio Justiniano. Recomendou-se aos compiladores que evitassem disposições semelhantes ou caídas em desuso, permitiu-se a supressão do desnecessário, a correção e a atualização das constituições.

Em pouco mais de um ano a obra estava concluída e o novo código foi publicado a 7 de abril de 529 com o nome de *Codex Justinianeus* para entrar em vigor a partir de 16 de abril do mesmo ano. Deste primeiro código só conhecemos, através de um papiro descoberto em Oxirinco em 1914, o fragmento de um índice das constituições dos títulos 11-16 do primeiro livro"[28].

No texto se destaca a fé de Justiniano em Cristo, as fontes do direito, o direito de asilo e as funções dos agentes imperiais.

O livro II refere-se aos processos; no livro III ao VIII se regulamenta o direito privado; no IX o direito penal; o direito administrativo e fiscal nos livros X a XII.

b) O *Digesto*

O *Digesto* ou *Pandectas* foi uma junção de fragmentos dos jurisconsultos clássicos.

A historia confirma que "através da constituição *Deo auctore* de 15 de dezembro de 530 Justiniano incumbiu a Triboniano, então *quaestor sacri palatii,* de realizar a compilação do direito contido nas obras dos antigos jurisconsultos (*jura*). Triboniano escolheu seus colaboradores formando uma comissão de dezesseis membros entre os quais figuravam onze advogados, Doroteu e Anatólio, professores da escola de Beirute (Berito), Teófilo e Cratino, da escola de Constantinopla, e Constantino, ex-professor da mesma escola e *comes sacrarum largitionum* (conde das liberalidades sagradas). O objetivo da compilação era pôr fim às incertezas e confusões provocadas pelo grande número de obras e opiniões dos jurisconsultos

28 CURTIS Giordani, Mário. *Iniciação ao Direito Romano*. 2. ed. Rio de Janeiro: Lumen Juris, 1991, p 198.

clássicos. Justiniano rompia assim os estreitos limites estabelecidos pela Lei das Citações, fornecendo aos litigantes o essencial da jurisprudência numa seleção levada a cabo por eminentes e atualizados juristas"[29].

Sabe-se que o *Digesto* consta de cinqüenta livros divididos em títulos, fragmentos e parágrafos, tal como adiante ilustramos com alguns de seus textos.

Além dessa divisão para fins práticos, diz Sílvio Meira[30], se adotou o critério da distribuição da matéria em sete partes:

1ª) Parte: Do Livro I ao IV- "Princípios de direito, juizes e julgamentos".

2ª) Parte: Do Livro V ao XI- "*De judiciis*: dos julgamentos".

3ª) Parte: Do Livro XII ao XIX- "*De rebus*".

4ª) Parte: Do Livro XX ao XXVII- "*De pignoribus*".

5ª) Parte: Do Livro XXVIII ao XXXVI- "*De testamentis*".

6ª) Parte: Do Livro XXXVII ao XLIV- "*De bonorum possessionibus*".

7ª) Parte: Do Livro XLV ao L- "*De stipulationibus*".

c) As *Institutas*

As *Institutas* constituíram um manual de estudo que seguiu fielmente as *Institutas* de Gaio e que foi elaborado simultaneamente ao *Digesto* por Triboniano, Doroteu e Teófilo.

Igualmente nos ensina Mário Curtis Giordani[31] que:

> Ainda antes da conclusão do *Digesto*, Justiniano designou três membros da mesma comissão: Triboriano, Doroteu e Teófilo, para a redação de um breve tratado elementar de Direito, as *Institutiones*. Esta obra, dedicada à juventude desejosa de estudar as leis (*cupidae legum juventuti*), obedece ao plano das *Institutas* de Gaio. Suas fontes são as próprias *Institutas* de Gaio, antigos tratados jurídicos, leis, editos, respostas dos prudentes e algumas constituições imperiais (...). Mais simples que o *Digesto* e mais teóricas que o Código, as *Institutas* de Justiniano apresentam noções gerais, definições e classificações que tornam o estudo do direito fácil e atraente.

Nas *Institutas* se abordou: as pessoas, coisas e ações dividindo-se o corpo do documento em quatro livros subdivididos em títulos, como também mostra Sílvio Meira[32]:

Livro I

Título 1. Da justiça e do direito (*De justitia et jure*).

Título 2. Do direito natrural, das gentes e civil (*De jure naturali, gentium et civili*).

Título 3. Do direito das pessoas (*De jure personarum*).

Título 4. Dos ingênuos (*De ingenuis*).

Título 5. Dos libertos (*De libertinis*).

---

29 Ibid., p 199.

30 MEIRA, Sívio. Op. cit., p 171.

31 CURTIS Giordani, Mário. Op. cit., p 201.

32 MEIRA, Sívio. Op. cit., p 173.

Título 6. Quem não pode ser manumitido e por que causas? (*Qui et quibus ex causis manumittere non possunt*).

Título 7. Da revogação da lei *Fufia Caninia* (*De lege Fufia Caninia sublata*).

Título 8. Dos que são *sui juris* ou *alieni juris*. (*De his qui sui vel alieni juris sunt*).

Título 9. Do pátrio poder (*De patria potestate*).

Título 10. Do casamento (*De nuptiis*).

Título 11. Das adoções (*De adoptionibus*).

Título 12. De que modo se extingue o poder sobre outra pessoa (*Quibus modis jus potestatis solvitur*).

Título 13. Das tutelas (*De tutelis*).

Título 14. Dos que podem ser nomeados tutores em testamentos (*Qui testamento tutores dari possunt*).

Título 15. Da tutela legítima dos agnados (*De legitima adgnatorum tutela*).

Título 16. Da diminuição de capacidade (*De capitis diminutione*).

Título 17. Da tutela legítima dos patronos (*De legitima patronorum tutela*).

Título 18. Da tutela legítima dos ascendentes (*De legitima parentium tutela*).

Título 19. Da tutela fiduciária (*De fiduciaria tutela*).

Título 20. Do tutor Atiliano e do tutor que era dado pelas leis Júlia e Títia (*De Atiliano tutore vel eo qui ex lege Julia et Titia dabatur*).

Título 21. Da autoridade dos tutores (*De auctoritate tutorum*).

Título 22. De que modos se estigue a tutela (*Quibus modis tutela finitur*).

Título 23. Das curatelas (*De curationibus*).

Título 24. Da fiança dos tutores ou curadores (*De satisdatione*).

Título 25. Das escusas dos tutores ou curadores (*De excusationibus tutorum vel curatorum*).

Título 26. Dos tutores ou curadores suspeitos (*De suspectis tutoribus vel curatoribus*).

Livro II

Título 1. Da divisão das coisas e suas espécies (*De divisiones rerum et qualitate*).

Título 2. Das coisas corpóreas e incorpóreas (*De rebus corporalibus et incorporalibus*).

Título 3. Das servidões (*De servitutibus*).

Título 4. Do usufruto (*De usufructu*).

Título 5. Do uso e da habitação (*De usu et habitatione*).

Título 6. Da usucapião e das posses de longo tempo (*De usucaionibus et logi temporis possessionibus*).

Título 7. Das doações (*De donationibus*).

Título 8. Dos que podem ou não alienar (*Quibus alienare licet vel non*).

Título 9. Por que pessoas podemos adquirir (*Per quas personas nobis adquiritur*).

Título 10. Das formalidades dos testamentos (*De testamentis ordinadis*).

Título 11. Do testamento militar (*De militari testamento*).

Título 12. A quem não é permitido fazer testamento (*Quibus non est permissum facere testamentum*).

Título 13. Da deserdação dos filhos (*De exheredatione liberorum*).

Título 14. Da instituição de herdeiro (*De heredibus instituendis*).

Título 15. Da substituição vulgar (*De vulgari substitutione*).

Título 16. Da substituição pupilar (*De pupillari substitutione*).

Título 17. De que modo se invalidam os testamentos (*Quibus modis testamenta infirmantur*).

Título 18. Do testamento inoficioso (*De inofficioso testamento*).

Título 19. Da qualidade e diferença entre herdeiros (*De heredum qualitate et differentia*).

Título 20. Dos legados (*De legatis*).

Título 21. Da revogação e transferência dos legados (*De ademptione et translatione legatorum*).

Título 22. Da lei Falcídia (*De lege Falcidia*).

Título 23. Das heranças fideicomissárias (*De fideicommissariis hereditatibus*).

Título 24. Das coisas singulares deixadas em fideicomisso (*De singulis rebus per fideicommissum relictis*).

Título 25. Dos codicilos (*De codicillis*).

Livro III

Título 1. Das heranças deferidas *ab intestato* (*De hereditatibus quae ab intestato deferuntur*).

Título 2. Da sucessão ligítima dos agnados (*De legitima adgnatorum successione*).

Título 3. Do senatusconsulto Tertuliano (*De senatusconsulto Tertuliano*).

Título 4. Do senatusconsulto Orficiano (*De senatusconsulto Orfitiano*).

Título 5. Da sucessão dos cognados (*De successione cognatorum*).

Título 6. Dos graus de cognação (*De gradibus cognationis*).

Título 7. Da sucessão dos libertos (*De successione libertorum*).

Título 8. Da assinação dos libertos (*De adsignatione libertorum*).

Título 9. Das posses dos bens (*De bonorum possessionibus*).

Título 10. Da aquisição por ad-rogação (*De adquisitione per adrogationem*).

Título 11. Daquele a quem são adjudicados bens em virtude da liberdade (*De eo cui libertatis causa bona addicuntur*).

Título 12. Da revogação das sucessões que se faziam pela venda dos bens e pelo *senatusconsulto* Claudiano (*De successionibus sublatis, quae fiebant per bonorum venditionem et ex senatusconsulto Claudiano*).

Título 13. Das obrigações (*De obligationibus*).

Título 14. Como se contrai a obrigação pela tradição da coisa (*Quibus modis re contrahitur obligatio*).

Título 15. Da obrigação verbal (*De verborum obligatione*).

Título 16. Dos coestipulantes e copromitentes (*De duobus reis stipulandi vel promittendi*).

Título 17. Da estipulação dos escravos (*De stipulatione servorum*).

Título 18. Da classificação das estipulações (*De divisione stipulationum*).

Título 19. Das estipulações nulas (*De inutilibus stipulationibus*).

Título 20.- Dos fiadores (*De fidejussoribus*).

Título 21. Da obrigação literal (*De litterarum obligatione*).

Título 22. Da obrigação consensual (*De consensu obrigatione*).

Título 23. Da compra e venda (*De emptione et venditione*).

Título 24. Da locação (*De locatione et conductione*).

Título 25. Da sociedade (*De societate*).

Título 26. Do mandato (*De mandato*).

Título 27. Das obrigações quase-contratuais (*De obligationibus quasi ex contractu*).

Título 28. Por que pessoas adquirimos a obrigação (*Per quas personas nobis obligatio adquiritur*).

Título 29. Dos modos de extinguir a obrigação (*Quibus modis obligatio tollitur*).

Livro IV

Título 1. Das obrigações que nascem do delito (*De obligationibus quase ex delicto nascuntur*).

Título 2. Do roubo dos bens (*De bonis vi raptis*).

Título 3. Da lei Aquília (*De lege Aquilia*).

Título 4. Das injúrias (*De injuriis*).

Título 5. Das obrigações que nascem de um quase-delito (*De obligationibus quae quasi ex delicto nascuntur*).

Título 6. Das ações (*De actionibus*).

Título 7. Dos contratos com as pessoas *alieni juris* (*Quod cum eo contractum est qui in aliena potestate est*).

Título 8. Das ações noxais (*De noxalibus actionibus*).

Título 9. Do dano causado por um quadrúpede (*Si quadrupes pauperiem fecisse dicatur*).

Título 10. Das pessoas por quem podemos litigar (*De his per quos agere possumus*).

Título 11. Das fianças (*De satisdationibus*).

Título 12. Das ações perpétuas e temporárias e das que passam aos herdeiros e contra eles (*De perpetuis et temporalibus actionibus, et quae ad haredes et in heredes transeunt*).

Título 13. Das exceções (*De exceptionibus*).

Título 14. Das réplicas (*De replicationibus*).

Título 15. Dos interditos (*De interdictis*).

Título 16. Da pena aos litigantes temerários (*De poena temere litigantium*).

Título 17. Do ofício do juiz (*De officio judicis*).

Título 18. Dos processos públicos (*De publicis judiciis*).

d) As *Novelas*

Diz-se que "a segunda edição do *Codex* (534) não paralisou a atividade legiferante de Justiniano. Continuou ele a editar outras constituições importantes, entre 535 a 565. Essas novas constituições (*Novellae Constituitiones*) são conhecidas por *Novelas*. A maioria foi editada em língua grega e contém reformas fundamentais, como no direito hereditário e no direito matrimonial"[33].

Assim, para que os *iura* e as *leges* constantes no *Corpus Iuris Civilis* pudessem ter aplicação na prática, foi preciso, muitas vezes, que os compiladores fizessem substituições, supressões ou acréscimos nos fragmentos dos jurisconsultos clássicos ou nas constituições imperiais antigas. Essas alterações denominam-se *interpolações* ou *tribonianismos*.

Como bem afirma Salvatore Riccobono[34], a codificação de Justiniano inicia a Segunda vida do direito romano, a primeira, de 13 séculos, se desenvolveu no corpo do Império de Roma; a Segunda, de 14 séculos, toda espiritual, sem o corpo do Império, que se propaga sempre no mundo, considerado por todos como o fundamento da sociedade civil que Roma teria firmado por todos os séculos; o livro da experiência humana, das coisas divinas e

---

33 SALVO Venosa, Sílvio de. Op. cit., p 76.

34 RICCOBONO, Salvatore. *Roma, madre de las leyes*. Traducción de J.J. Santa-Pinter. Buenos Aires: Depalma, 1975, p 5.

humanas, destinado, segundo Dante, no Convívio, "à perfeição da religião universal da espécie humana". A obra conclui a evolução jurídica do Império Romano, mas marca também o fim do mundo antigo. Por isso, como observam com acerto os historiadores modernos, se a conquista de Itália por Odoacro e a caída de Rômulo Augústulo significou o fim do Império de Roma, é a obra de Justiniano a que separa o mundo antigo do medieval, pois ela resume e coleta os elementos vitais de toda a civilização greco-romana e marca o ponto de partida da história do direito no Oriente e Ocidente.

O período Bizantino, historicamente se localiza desde 565 até 1453 d. C. O nome de Bizantino procede de Bizâncio, (cidade grega) que levou o nome de Constantinopla (em homenagem ao imperador Constantino), hoje Istambul, Turquia.

O direito bizantino se constituiu por um conjunto de regras jurídicas justinianéias, adaptadas à vida dos povos do novo império, e que continuaram em vigor de 565 a 1453[35].

Diz-se que o direito bizantino encontrou dificuldade de aplicação nos países que estavam sob a dominação romana, pois a língua latina era menos estudada e se tornou insuficiente para dirimir os novos casos surgidos como resultado do desenvolvimento social e econômico de Roma.

Nessa época tornou-se difícil a compreensão da língua em que foi redigido o *Corpus Juris Civilis*, de Justiniano[36].

Segundo nos informa a história jurídica da Europa, a civilização romano-bizantina transmitiu um direito romano definitivo e sistematizado, na forma da compilação de Justiniano, que foi interpretado por uma técnica comum à interpretação teológica, uma vez que as escolas medievais, origem das Universidades, começaram nos conventos[37].

35 CRETELLA, Júnior J.Op. cit., p 77.

36 Ibid., p 78.

37 POLETTI, Ronaldo. Op. cit., p 220.

Capítulo 3

Contribuição do Direito Romano à Teoria Geral do Direto Civil

O direito romano contribuiu decisivamente ao desenvolvimento posterior da Teoria do Direito Civil que foi base do Direito Civil moderno ou contemporâneo.

Assim, no direito romano se criaram os conceitos básicos do direito que, durante a própria evolução científico jurídica, se adaptaram a cada situação concreta da vida, e ao desenvolvimento sócio-econômico e político de cada nação.

3.1. Conceitos preliminares: direito e justiça

Como nenhum outro ramo do saber humano, o direito romano mostrou para a humanidade a origem e o significado do direito. Nesse sentido, afirma Acacio Vaz de Lima Filho, "o extraordinário senso jurídico dos romanos, foi uma das manifestações de seu gênio, voltado para a concreção da existência. E este senso jurídico dos homens do Lácio, é incindível da sua habilidade política. Tal habilidade usaram-na, os romanos, em primeiro lugar, para realizar a unificação da Itália, e, em segundo lugar, para a edificação do seu império mundial"[38].

Do ponto de vista jurídico o senso romano forneceu à humanidade os conceitos preliminares do direito. Nessa perspectiva, se encontra, por exemplo, o significado da palavra *ius*, derivada da *iustitia*, que como elegantemente definiu Celso é uma técnica do bom e do justo; constante e perpétua vontade de atribuir a cada um o seu direito e que tem como preceitos fundamentais: "viver honradamente", "não lesar a outro" e "dar a cada um o que é seu": *Iustitia est constans et perpetua voluntas ius suum cuique tribuens*" (I., 1,1.).

Diz-se que também entre os romanos a palavra *ius* era usada indistintamente, tanto em sentido objetivo como em sentido subjetivo. Porém, a mais ampla consideração exige a distinção entre *ius civile, ius gentium e ius naturale.*

Da mesma forma, conhecia-se a distinção do direito público e privado. Direito público, como já explicamos, era o que se referia à maneira de ser do Estado romano; privado aquele que se referia à utilidade dos particulares. O privado é tripartido, pois reúne conceitos naturais, do *ius gentium* e *civiles*.

Em suma, podemos afirmar que os fundamentos do direito romano se expressam no caráter objetivo e subjetivo das próprias instituições e normas jurídicas da época, da forma como explicamos a seguir.

3.2. A interpretação do direito

Interpretari, é essencialmente, tanto para os romanos como para nós, o procedimento mental de quem, em presença de uma norma jurídica, busca seu pleno e exato significado[39].

---

38 VAZ de Lima Filho, Acacio. *O poder na antigüidade aspectos históricos e jurídicos*. São Paulo: Ícone, 1999, p 146.

39 ARANGIO-RUIZ, Vicenzo. *Instituciones de Derecho Romano*. Tradução da 10ª edição italiana por José M. Caramés Ferro. Buenos Aires: Depalma, 1986, p 42.

De qualquer maneira, interpretar uma lei sempre implicou em desenvolver um processo onde se vinculam a razão, a sabedoria e a experiência ao conteúdo das relações jurídicas e das proposições prescritivas.

Na moderna teoria do direito, interpretar é atribuir o sentido à norma jurídica, observando a realidade ou fenômeno vinculado a ela. A interpretação jurídica é a atividade pela qual se busca o sentido e significado das normas jurídicas, através dos textos ou signos de exteriorização[40].

Assim, reconhecendo o mérito do gênio romano, destacam-se importantes aforismos e expressões latinas, que contribuem no entendimento da natureza de cada instituição jurídica, no fundamento do uso de cada termo e das regras que o direito histórico-tradicional tem acolhido para a interpretação e aplicação das normas jurídicas.

Como bem refere Mário Curtis Giordani, "para ressaltar a importância que os juristas romanos atribuíram à atividade interpretativa bastava citar as palavras de Celso (D., 1, 3, 17): Saber a lei não é aprender suas palavras, mas seu espírito e alcance (*Scire leges non hoc est verba earum tenere sed vim ac potestatem*).

Ulpiano atribuía tanto valor à interpretação que a recomendava até mesmo em casos de normas jurídicas claras como se vê do seguinte texto: *quamvis sit manifestissimum edictum praetoris, attamen non est neglegenda interpretatio ejus* (D., 25, 4, 11): ainda que o edito do pretor fosse claríssimo, contudo não devia ser negligenciada sua interpretação. Bonfante (*Istituzioni di Diritto Romano,* p. 29) enfatiza: 'a doutrina da interpretação é parte essencial da ciência do direito romano'. Biondi (*Istituzioni di Diritto Romano*, p. 78) sublinha que faltou uma doutrina sobre a *interpretatio* que, para os romanos, 'era antes uma arte'. Sem teorizar sobre a *interpretatio* os juristas romanos, com o senso prático que os caracterizava, souberam usá-la de acordo com as circunstâncias históricas"[41].

De qualquer sorte, os modos de interpretação, especialmente nas primeiras fases do desenvolvimento do direito romano não foram os mesmos que os modos utilizados nos períodos posteriores (mundo moderno). Entre nós, a lei escrita tende a traduzir (ainda que na prática não se possa conseguir) todo o direito vigente: o intérprete está obrigado a entender a lei em sua letra e em seu espírito, e, na hipótese de divergência entre ambas, a coordená-las entre si. Pelo contrário, o intérprete romano foi essencialmente, durante toda a época republicana e ainda depois, intérprete de um costume que era considerado eterno e irrevogável[42].

Não obstante o desenvolvimento jurídico de Roma, nem sempre foi possível a interpretação jurídica, pois sabe-se que Justiniano proibiu qualquer tipo de interpretação de sua obra por meio de uma constituição: *ut nemo neque eorum, qui in praesenti iuris peritiam habent, nec qui postea fuerint, audeat commentarios isdem legibus adnectere.* Assim, "proibira que se fizessem comentários à sua obra, que ele julgava completa, suficiente. Apenas podiam ser feitas traduções literais em grego (*katá póda*), sumários das leis (*índices*) e títulos (*paratitla*)[43].

Realmente, a interpretação livre das fontes jurídicas romanas e do *Corpus iuris*, surgiu no século XI, com o renascimento dos estudos romanísticos, e se tem mantido sempre como

40 DIEZ-PICAZO, Luis e Antonio Gullón. *Instituciones de Derecho Civil.* Madrid: Tecnos, 1995, p. 113.

41 CURTIS Giordani, Mário. Op. cit., p 211-212.

42 ARANGIO-RUIZ, Vicenzo. Op. cit., p 44.

43 CRETELLA, Júnior José. *Curso de Direito Romano.* 14. ed. revista e aumentada. Rio de Janeiro: Forense, 1991, p 73.

problema fundamental, ainda quando em diversas épocas se tenha estabelecido à interpretação termos distintos[44].

Dessa forma, a teoria da interpretação tem sido desenvolvida em valiosas obras, através das quais se entende que interpretar é se situar no lugar e nível do legislador para repetir artificialmente sua atividade. Nesse contexto, a teoria da interpretação teve alguns inconvenientes de ordem prática, razão pela qual a vontade do legislador perde toda a utilidade.

Podemos afirmar que uma das causas da interpretação é o fato de nem sempre existir um claro deslinde entre o acontecimento social e a escolha da norma aplicável. Quem aplica o direito observa as circunstâncias daqueles fatos para verificar sua correspondência com as hipóteses de várias normas selecionadas de forma provisória.

O caráter geral e abstrato da lei pode ser entendido como uma das causas da interpretação jurídica pois, em princípio, "A lei é preceito genérico. Por mais densa que seja a experiência em que se lastreia a edição do preceito, não poderá ele captar todas as minúcias da relação social que regula. A multiplicidade de aspectos da vida real não permite a previsão integral de todos os casos. Por isso, a lei apresenta lacunas. Mas o juiz não pode eximir-se de decidir a pretexto de omissão da lei"[45].

A interpretação foi e será sempre necessária, pois o legislador estabelece regras gerais e não prescrições particulares, ou melhor, preceitos comuns a todos os cidadãos.

3.3. Fontes do Direito

Do ponto de vista jurídico a palavra fonte representa a origem de uma relação jurídica ou de direito.

Como ensina Thomas Marky, "a produção das regras jurídicas se faz pelas fontes do direito. Elas são os órgãos que têm a função ou poder de criar a norma jurídica e, por isso mesmo, se chamam 'fontes de produção'. Exemplo: os comícios (*comitia*), que votavam as leis em Roma. Por outro lado, podemos denominar "fontes de revelação" o produto da atividade dos órgãos que têm aquele poder ou função de legislar. Assim, a própria regra jurídica, na forma como ela aparece ou se revela. Exemplo, a lei (*lex rogata*) resultante de uma proposta feita pelos magistrados e votada pelos comícios em Roma"[46].

A fonte que principalmente predominou durante todo o desenvolvimento do direito romano foi o costume. "O costume (*mos, consuetudo, mores maiorum*) é a observância constante e espontânea de determinadas normas de comportamento humano na sociedade. Cícero o definiu como sendo aprovado, sem lei, pelo decurso de longuíssimo tempo e pela vontade de todos: *quod voluntate omnium sine lege vetustas comprobavit* (De inv. 2.22.67). Juliano o caracterizava como "inveterado": *inveterata consuetudo* (D.1.3.32.1) e Ulpiano como "diuturno": *diuturna consuetudo* (D.1.3.33). De qualquer modo, a observância da regra consuetudinária deve ser constante e universal"[47].

Diz-se que Gaio não inseriu o costume como fonte do direito nas *Institutas*, onde destacou como classificação mais tradicional do direito romano a seguinte:

a) lei (*lex*): As *leges rogatae*, se formulavam nos comícios, com participação dos cidadãos romanos;

44 ARANGIO-RUIZ, Vicenzo. Op. cit., p 45.

45 SAYÃO Romita, Arion. *A norma jurídica. As normas jurídicas no Direito do Trabalho*. Rio de Janeiro: Freitas Bastos, p 99.

46 MARKY Thomas. *Curso elementar de direito romano*. 8. ed. São Paulo: Saraiva, 1995, p 17.

47 Ibidem.

b) plebiscitos (*plebiscita*): O poder legislativo foi o único ramo da atividade dos comícios, que permaneceu intacta na constituição de Augusto (quem propôs aos comícios suas leis).

Estudos históricos confirmam que depois de Augusto, a atividade comicial perde importância, até desaparecer totalmente, considerando-se o direito como uma emanação do povo, vigorando-se a força do costume como regra instituída pelo próprio povo.

c) senatus-consultos (*senatusconsulta*): A elaboração do direito incumbia também ao Senado, tendo uma decisiva e profunda influência na criação da lei, mas não chegou a constituir um verdadeiro poder legislativo. Na primeira época imperial o senatus-consultos obrigava só quando o pretor o inseria em seu *edicti*. A partir de Adriano, aumenta o valor do senatus-consulto, equiparando-se com a lei.

d) constituições imperiais (*constitutiones principium*): O imperador, ainda que carecesse de poder legislativo, exercia sobre a evolução do direito uma influência apoiada na autoridade jurídica do pretor. A forma era modesta: *placet, arbitror, censeo*, às vezes revestida com caráter oral, como os antigos *edicti* do pretor.

A emanação da autoridade imperial toma o nome geral de constituição; e sua forma mais pura foi fornecida pela *edicti,* emitida pelo príncipe.

Nas constituições se incluía também as *decreta*, ou melhor, as sentenças ditadas pelo príncipe para dirimir controvérsias;

e) editos dos magistrados (*edita magistratuum*): Foram fontes do direito durante a República. Os magistrados tinham a faculdade da jurisdição (*jus dicere*).

f) doutrina (*responsa prudentium*): também teve uma grande importância na estrutura e evolução do direito romano, tendo como base os critérios dos jurisconsultos.

3.4. O fato simples romano

Em nosso dia a dia, deparamo-nos, incontáveis vezes, com uma seqüência inacabável de fatos denominados simples. E assim são denominados na ciência do direito, aqueles fatos normais ou corriqueiros que, na verdade, não interessam ao direito, coisa que, em Roma não era diferente. Pois bem, quando chovia, *verbi gratia,* estávamos diante de um fato simples. Fato simples involuntário porque não emanava da "vontade" humana.

Quando os romanos por outro lado, se levantavam e se dirigiam à praça pública para ouvirem os discursos e conselhos dos jurisconsultos, aqui estávamos diante de um fato simples, voluntário, pois emanava da "vontade" humana e não interessava ao direito.

Pois bem, fatos simples, assim, dividiam-se, como se vê, em "voluntários" e "involuntários", segundo emanassem ou não da vontade humana e, sempre, escapavam (por sua natureza) da incidência da norma jurídica.

3.4.1. Classificação dos fatos jurídicos em voluntários e involuntários

Entretanto, se porventura os fatos corriqueiros, voluntários e involuntários, viessem a se submeter à incidência da norma jurídica, estaríamos aí diante dos "fatos jurídicos". Se provenientes da vontade humana, "voluntários". Se não provenientes da vontade mencionada, "involuntários".

Como exemplo dos fatos jurídicos involuntários, poderíamos apontar um acidente que trouxesse a morte de seu condutor. Como exemplo de um fato jurídico voluntário, poderíamos apontar a compra e venda de um rebanho de ovelhas, aperfeiçoada com o pagamento e a entrega da coisa, ou mesmo, a mesma compra e venda com o pagamento realizado, mas sem a entrega subseqüente desse rebanho pelo vendedor ao comprador. Naquele exemplo, estaríamos diante de um "fato jurídico voluntário lícito" e neste exemplo, diante de um "fato jurídico voluntário ilícito".

3.4.2. O fato jurídico voluntário lícito (negócios jurídicos)

O ato jurídico romano: precisamente o "fato jurídico voluntário lícito" veio a configurar o denominado ato jurídico ou negócio jurídico (tal como rotulado pelos alemães).

Amplamente desenhado e desenvolvido pela casuística romana, ao longo de todos os períodos, veio o negócio jurídico tomando contornos de século a século, estudado e aprimorado pelos juristas do mundo inteiro, inclusive os glosadores da idade média, até que despontou nos sécs. XIX e XX nos Códigos Civis de quase todo o mundo.

Hoje, por exemplo, lhe é dada pelo Código Civil Brasileiro, em seu artigo 81, a seguinte conceituação: "*Todo ato lícito que tenha por fim imediato adquirir, resguardar, transferir, modificar ou extinguir direitos, se denomina ato jurídico*".

Aqui, pois, o fato jurídico voluntário lícito tal como em Roma era praticado e tal como tinham que ser concebidos pelos romanos, e sobretudo, pelos pretores que o analisavam.

Assim, pois, o ato jurídico tal como Roma o concebia, rigorosa quanto à forma no princípio, mas atenuada esta entre o alto e baixo impérios (período também denominado de clássico), em função principalmente do aprimoramento da escrita, mesmo porque aqui houve maior ênfase à vontade (evidentemente melhor espelhado através da escrita).

E verdadeiramente a vontade humana passou a ser enfatizada (mesmo porque o ato jurídico a tem como mola propulsora e mesmo porque ela é a essência da liberdade humana, especialmente na prática negocial). Apresentava-se ela, ora expressa, ora tácita. Expressa quando demonstrada por escrito e tácita quando emanada de ato silencioso (ou verbal) compatível com a sua demonstração. Exemplo da primeira: manumissão testamentária, onde a alforria do escravo posterior à morte do dono (vontade deste) vinha estampada no próprio ato. Exemplo da segunda: a posse da herança pelo herdeiro, significaria tacitamente que ele a aceitava.

O fato jurídico era considerado "ilícito", quando encerrassem um fato jurídico emanado da vontade humana, porém transgressor do ordenamento jurídico, exemplo: a não entrega do rebanho.

O fato jurídico era "lícito", quando encerrasse um fato jurídico emanado da vontade humana e ajustado ao ordenamento jurídico, exemplo: a compra e venda aperfeiçoada.

3.4.3. Elementos do ato jurídico romano

Dentro dos elementos do ato jurídico romano destacamos os seguintes:

a) **Essenciais** (*essentialia negotti*): elementos formadores do ato jurídico que se referiam à essência dos mesmos, e sem os quais os atos seriam tidos como nulificados ou mesmo inexistentes.

Os elementos essenciais eram divididos em gerais e especiais. Gerais quando diziam respeito a todos os atos em geral. Especiais quando diziam respeito, além dos gerais, a alguns atos jurídicos especiais. Os gerais se apresentavam, pois, em número de três:

- *Agente capaz*: o agente haveria de ser, se pessoa física, capaz de direito o de fato, ou seja, cidadão romano, livre e *sui juris* (direito), além de ser do sexo masculino, ter 25 anos, não ser alienado mental ou pródigo. Se pessoa jurídica, haveria de ter seus respectivos registros;

- *Objeto lícito*: o objeto deveria ser lícito, fosse o negócio mesmo realizado, fosse o próprio bem envolvido no ato;

- *Consentimento*: deveria integrar essencialmente o ato jurídico, o consentimento das partes ou, em outras palavras, a vontade livre de praticar o ato emanado de seus protagonistas; tomemos como exemplo a mesma venda do rebanho de ovelhas retro mencionada. Se praticada por dois homens (comprador e vendedor), livres, romanos e *sui juris* (com o pai falecido), e além disso, esses romanos fossem como se vê, do sexo masculino, com 25 anos de idade, não fossem alienados e não fossem pródigos, seriam tidos por agentes capazes.

Além disso, negociaram a compra e a venda (lícita em Roma), bem como ovelhas (cujo comércio era perfeitamente permitido), constata-se que o objeto foi lícito. E finalmente, manifestada livremente a vontade do vendedor (em vendê-las) e a do comprador (em comprá-las), tinha-se o ato praticado com o consentimento imprescindível.

Dessa forma, aqui neste exemplo se verifica o preenchimento dos três requisitos essenciais do negócio jurídico romano. Quanto aos elementos essenciais especiais, estes se representaram por mieo da forma inerente a alguns atos jurídicos, que nem dos gerais e nem dela prescindiam para existirem. Exemplo: a compra e venda do escravo (*res mancipi*), que deveria ser negociado através de uma formalidade especial.

b) **Naturais** (*naturalia negotti*): eram aqueles inerentes aos negócios realizados, ou seja, os vícios redibitórios e a evicção. Não havia necessidade de estipulá-los, porque eles integravam o ato.

Veja-se, o vício redibitório era aquele *defeito oculto encontrado na coisa* adquirida e que automaticamente implicava, ou a redução do valor pago, ou a próprio desfazimento do negócio e a integral restituição do preço. Exemplo: a biga vendida com defeito no eixo sem o comprador dar-se conta. Ou este obteria o abatimento no preço (ação estimatória) recebendo de volta a diferença mais perdas e danos ou resolveria o ato jurídico, com a devolução do bem e do dinheiro pago mais perdas e danos.

A evicção era a perda da propriedade ou da posse da coisa adquirida, em virtude de decisão judicial que as conferia a terceiro, ou seja, o denominado *defeito oculto do direito*. O adquirente tinha, pois, assegurado o direito à restituição do preço, bem como até das perdas e danos decorrentes do bem que comprara de quem não era dono. Como se disse, esses elementos eram naturais ao ato jurídico e automaticamente asseguravam o ressarcimento ao adquirente, quando ocorrentes.

Era certo, também, que no próprio ato poderia haver o pacto da não incidência da ambas, emanado da vontade das partes.

c) **Acidentais** (*acidentalia negotti*): como o próprio nome revela, acidentalmente estariam presentes no ato jurídico alguns elementos que, por essa razão, eram denominados acidentais. Estariam presentes em atos jurídicos, evidentemente ao lado dos essenciais já mencionados. Eram eles:

- *Condição*: era um elemento acidental ao ato jurídico, que submetia a eficácia deste, à ocorrência de um *evento futuro e incerto*. Podia ser *suspensiva*, se suspendia o ato até o advento de fato futuro incerto que o faria nascer ou *resolutiva*, se a chegada daquele mesmo evento futuro e incerto fosse acarretar o desfazimento ou extinção (resolução) do ato.

Exemplo de condição suspensiva:

"Se fores vitorioso na Gália, vender-te-ei este cavalo" - ato jurídico - que se dará se ocorrer a vitória.

Exemplo de condição resolutiva:

"Se fores vitorioso na Gália, devolver-me-á o cavalo a ti emprestado" (vitória na Gália - evento futuro e incerto); resolve o empréstimo (ato jurídico já realizado).

- *Termo*: difere da condição na medida em que submetia a eficácia do ato a um evento *futuro e certo*. Igualmente podia ser *suspensivo* ou *resolutivo*, nos mesmos casos da condição, conforme acima aludido.

Exemplo de termo suspensivo: "quando completares 25 anos, emprestar-te-ei esse dinheiro" (complemento dos 25 anos – evento futuro e certo; empréstimo do dinheiro – ato jurídico que irá nascer naquela data).

Exemplo de termo resolutivo: "quando completares 25 anos, devolver-me-ás o dinheiro que a ti emprestei": (os 25 anos – evento futuro e certo; devolução do dinheiro – resolução do empréstimo em decorrência do evento referido);

- *Modo*: o modo ou encargo é aquele elemento acidental do ato jurídico, onde a concretização do mesmo se submete a um *encargo ou obrigação* por uma das partes. É muito comum nos atos jurídicos gratuitos, como por exemplo, a doação de uma coleção de quadros desde que, com eles, o donatário dedique-os a uma exposição um dia por semana, com a renda revertida para uma creche.

Esta exposição é o encargo ou modo, acidentalmente integrante do ato jurídico da doação, sem o que tal ato não se perfaz.

3.4.4. Classificação dos atos jurídicos romanos

Os atos jurídicos romanos se classificavam da seguinte forma:

a) *unilaterais* e *bilaterais*.

Os atos jurídicos unilaterais eram aqueles atos movidos pela vontade de uma só pessoa, exemplo: manumissão (vontade do dono do escravo); os bilaterais, eram praticados pela determinação voluntária de duas ou mais pessoas; exemplo: compra e venda (comprador e vendedor).

b) *gratuitos* e *onerosos*.

Os atos jurídicos gratuitos eram aqueles em que a prestação de uma parte, não enseja qualquer contraprestação da outra parte. Exemplo: doação (prestação do doador não enseja qualquer contraprestação do donatário); onerosos eram aqueles em que à prestação de uma das partes corresponde uma contraprestação da outra parte, por exemplo, a compra e venda enseja ao vendedor a entrega do bem (prestação) e ao comprador enseja o pagamento do preço (contraprestação).

c) *formais* e *não formais*.

Formais eram aqueles atos, que para surtir efeitos jurídicos precisavam do cumprimento de determinadas solenidades predeterminadas em lei, como por exemplo, compra e venda de um escravo (*res mancipi*) que exigiam a *mancipatio* (negócio realizado mediante cinco testemunhas, bronze (referência do negócio) e balança (*libra* - que pesaria o metal representativo do negócio)[48]. Os atos jurídicos não formais eram os atos jurídicos que se realizavam de qualquer modo, como por exemplo, a compra e venda do já referido rebanho de ovelhas.

48 CORRÊA, Alexandre SICIASCIA Gaetano. *Manual de Direito Romano*. 6. ed. São Paulo: Revista dos Tribunais, p 58.

d) *causais* e *abstratos*.

Causais eram os atos praticados com finalidade única espelhada no próprio ato, por exemplo, compra e venda. Abstratos eram aqueles atos usados para várias finalidades, por exemplo, a *mancipatio* retro referida e a cessão de direitos.

e) intervivos e *mortis causa*.

Intervivos eram aqueles atos em que os efeitos se operavam entre pessoas vivas (*manumissio vindicta*). *Mortis causa*, quando tais efeitos se operavam depois da morte, exemplo, *manumissio testamento*.

3.4.5. Vícios dos atos jurídicos

Como já foi explicado um dos elementos essenciais do ato jurídico romano era o consentimento (vontade). Pois bem, quando havia uma contaminação dessa vontade, de maneira a torná-la divorciada da exteriorização dela no ato jurídico praticado, estávamos diante de um ato jurídico viciado: *quod initio vitiosum est, non potest tractu temporis convalesscere* (D., 50, 17, *de diversis regulis*, 29 Paulo).

Dentro dos diferentes vícios do consentimento encontrávamos os seguintes:

a) A *simulação*

A simulação dava-se quando não existia correspondência entre a vontade e a exteriorização dela no ato, quando as duas partes, voluntariamente e de comum acordo, praticavam um ato jurídico não querido por elas, ou quando se praticava um ato jurídico diferente do ato que queriam praticar. No primeiro caso teríamos a simulação absoluta, no segundo, a relativa. Vejam-se os seguintes exemplos:

Exemplo nº 1.

Da simulação absoluta.

"João e José não desejam praticar qualquer ato, mas realizam uma compra e venda de imóvel, com escritura passada em Cartório (infindáveis razões podem acarretar esta simulação, sendo uma delas: devedor de um financiamento que escapar de responsabilidade patrimonial decorrente de uma dívida e simula com parente a mencionada venda)".

Exemplo nº 2.

Da simulação relativa.

"O marido, desejando doar uma casa à concubina (o que é proibido por lei), efetua uma venda do imóvel ao filho desta. Na simulação sempre há de existir um prejuízo para alguém".

b) O *erro*

Neste defeito, não há voluntariedade das partes, ambas têm a falsa idéia a respeito de fato ou de direito.

No direito romano, existiu a denominação de *error facti* e *error juris* e ainda era preciso que ditos erros não fossem grosseiros e sim plenamente escusáveis.

Dentro do *error facti* existiam quatro tipos fundamentais:

1º) *Error in negotio*.

Era aquele erro que dizia respeito ao negócio jurídico praticado. O agente pensava praticar um ato, mas praticava outro ato jurídico distinto. Por exemplo, quando se pensava estar alugando, mas se estava dando um bem em comodato (empréstimo gratuito).

2º) *Error in persona.*

Era aquele erro relativo à pessoa. Por exemplo, tendo a falsa idéia de que uma pessoa, a quem se empresta dinheiro, é outra pessoa.

Assim, foi aceito que, se nos contratos, especialmente na compra e venda, se estivesse em desacordo com o nome, mas conformes no objeto, era válido o contrato; pois nada importava o error no nome quando se estava de acordo com o objeto.

3º) *Error in corpore.*

Era o erro ou falsa idéia quanto à coisa objeto do negócio jurídico. Vejam-se os seguintes exemplos:

Exemplo nº 1.

"Penso comprar carneiros, mas estou comprando cabras".

Exemplo nº 2.

"Creio comprar uma escrava virgem, sendo já mulher". Nesse caso, a venda era válida, pois não se errou no sexo.

Exemplo nº 3.

"Deseja-se comprar uma mulher e se comprou um jovem". Nesse caso, como há erro no sexo, era nula a compra e nula a venda.

4º) *Error in substantia.*

Era o erro ou falsa idéia involuntária, no tocante às qualidades essenciais do objeto do negócio. Por exemplo: "pensa-se comprar um casaco de couro, mas se comprou um casaco de napa".

Assim, se discutia se existia compra e venda, quando no se errava no objeto mesmo, mas o erro estivesse na sustância. Por exemplo, se se vendia vinagre por vinho, latão por ouro, chumbo por prata, ou algo semelhante à prata.

Sobre o assunto, Marcelo ponderou no livro sexto dos *Digesto,* que existiria compra e venda, porque se consentiu no objeto, ainda que se tenha errado na matéria: *Marcellus scripsit libro sexto digestorum emptionem esse et venditionem, quia in corpus consensum est, etsi in materia sit erratum* (Eod., 9,2.).

É lógica e coerente a idéia de aceitar que na venda do vinagre por vinho se vende uma coisa por outra, se desde o início se ofereceu vinagre e não vinho.

5º) *Error juris.*

Já em Roma era consagrado o princípio, através do qual, *ignorantia juris neminem excusat*, ou seja, a ninguém é lícito ignorar a Lei.

Entretanto, o erro de direito, ou seja, a ignorância ou desconhecimento da lei aplicada ao ato praticado, em Roma, era admitida quando alegada pelos soldados (o que lhe era conferido como privilégio em decorrência dos fortíssimos treinamentos a que eram submetidos), pelas mulheres, pelos menores de 25 anos(ambos naqueles limitados atos que lhe eram permitidos e pelos *rustici* (rústicos ou caipiras), e nestes três últimos casos, a razão da permissão da alegação de erro de direito era justificada, evidentemente, pela presunção de fragilidade de discernimento dessas pessoas.

c) O *dolo*

Quando, voluntariamente, uma das partes usava ardil, durante o ato jurídico, para enganar a outra parte, estava agindo com dolo.

Vale destacar que "dolo é vontade e representação do resultado, mas, igualmente, é ciência de oposição ao dever ético-jurídico; é ação no sentido do ilícito.

Age dolosamente quem atua com conhecimento ou ciência de agir no sentido do ilícito ou antijurídico, ou, numa palavra: com conhecimento da antijuricidade do fato"[49].

Em Roma existia o *dolus bonus* que era a matreirice nos negócios que não lhe acarretava a anulação. Existia o *dolus malus*, quando o próprio dolo de que tratamos ensejava a anulação do ato. Vejam-se os seguintes exemplos:

Exemplo nº 1. (*dolus bonus*)

"Um sujeito que aumentava as qualidades de um burro de carga, para vendê-lo bem".

Exemplo nº 2. (*dolus malus*)

"A venda de uma área tida como fértil e que em verdade não era".

Exemplo nº 3. (*dolus malus*)

"A venda de um cavalo trotador pelo preço e como se fora um cavalo do galope".

Era, pois, concedido ao romano, o direito de alegar o *dolus malus* ao pretor, através das ações denominadas *actio doli* (ação para pedir perdas e danos e decretar a infâmia do autor do dolo – (era uma ação subsidiaria – na falta de outras ela era utilizada); *exceptio doli* - defesa da parte enganada contra ação movida por qualquer parte a quem o ato viciado beneficiasse; e a *restitutio in integrum*, onde o enganado pediria a anulação do ato com a devolução do preço e a restituição da coisa; é importante frisar, finalmente, que, se ambas as partes houvessem agido com dolo, não poderiam se valer das ações acima mencionadas, sendo convalidado o ato *nemo auditum turpitudimem suam allegans* (ninguém pode alegar a própria torpeza).

Foi definido o *dolus malus* como certa maquinação para enganar a outro quando se simulava uma cousa e se fazia outra.

Noutra forma também se reconheceu que podia-se obrar sem simulação de maneira que se engane a alguém e que também sem *dolus malus* se podia fazer uma coisa e simular outra, sendo definido também como a astucia, falácia a maquinação empregada para enganar, surpreender o defraudar a outro.

d) *Coação*

Era a pressão física ou moral (*metus*= medo), por sobre alguém, exigindo que ele praticasse um determinado ato jurídico. Vejam-se os seguintes exemplos:

Exemplo nº 1.

Da coação física

"Uma pessoa apontava uma faca para outra e a obrigava a doar-lhe seus escravos".

Exemplo nº 2.

Da coação moral

---

49 NORONHA, E. Magalhães. *Direito Penal*. São Paulo: Saraiva, Vol. 1, 1997, p137.

"Um noivo que ameaçava se suicidar, caso a noiva insistisse em não se casar com ele".

Ressaltava-se que, nesses casos, era preciso que a coação fosse irresistível e excusável.

Se entendia por medo, não qualquer temor, mas o de um mal maior. Assim, o que se fazia movido por medo não se considerava válido, ou melhor o que, "movido por força do medo", pois se fazia distinção da força aludindo uma necessidade contrária à vontade, e ao medo como ao azoramento (susto, perturbação) da mente por um perigo iminente ou futuro. Com o tempo desapareceu a menção à força porque o que se fazia com violência se entendia que se fazia também por medo.

3.4.6. A nulidade e a anulabilidade

É preciso que se frise que a noção teórica precisa dos termos em questão, se configura em uma das mais difíceis da ciência do Direito. Menos difícil se tornam de visualizar, quando de sua aplicação. De toda forma, tinham em Roma as seguintes concepções:

Nulidade

Dava-se quando os vícios da vontade acabavam por afetar os demais elementos essenciais do ato jurídico.

Uma vez decretada a nulidade, pelo pretor, retroagia-se à data do ato (*ex tunc*), nulificando-o por completo, bem como os posteriores sele derivados. Por exemplo: "no *error in persona*, se as partes, por engano, praticassem uma venda de romano, pensando que fosse escravo".

Por sua vez, uma nulidade grosseira acarretaria um desdobramento da nulidade, qualificando o ato como inexistente. Por exemplo: "O casamento de dois romanos do sexo masculino".

Anulação

O ato era invalidado a partir da decisão do pretor, com efeito, pois, *ex nunc*, respeitados os direitos de terceiros. Essa anulação, aplicada a todos os casos de vícios de vontade (quando não aplicável a regra de nulidade), permanecia adormecida (e válido o ato) até que o prejudicado a invocasse.

Capítulo 4

Direito das Pessoas (*Jus Personarum*)

Para o legislador contemporâneo todo homem é capaz de ter direitos e de contrair obrigações, assim se estabelece em todas as legislações civis. Portanto, toda pessoa, tanto física (natural), quanto jurídica pode ser sujeito do direito e resulta protegida na ordem jurídica.

4.1. Sujeitos do direito: pessoa e personalidade jurídica

Dentro das contribuições do direito romano à Teoria Geral do Direito Civil destacou-se a concepção da pessoa jurídica, através da teoria do nascimento.

O gênio romano deu preferência ao tratamento do direito das pessoas, pois todo direito era pertinente às pessoas, às coisas ou às ações (D., 1,5,1 *Institutionum*, libro I. Gaio).

Para o direito romano, os que nasciam mortos não se consideravam nem nascidos, nem procriados, pois nunca foram considerados filhos, assim se observa no seguinte texto latino: *qui mortui nascuntur, neque nati neque procreati videntur, quia numquam liberi appellari potuerunt* (D., 50, 16, *de verborum significatione*, 129, Paulo)

Igualmente se considerou que o que estava no útero materno, sem distinção de tempo, não se reputava de homem, pois o feto não dado à luz não era pessoa. Por isso, o que estivesse no útero materno se considerava que estava no mundo das criaturas, por quase todo o *ius civile.*

Segundo explica Ronaldo Poletti, "os romanos não lidavam com categorias abstratas, como fazem os modernos juristas. Não cogitavam, por isso, do conceito de sujeito de direito e suas conseqüências. O conceito de homem não é para os antigos, um conceito biológico, senão jurídico. No direito moderno, o conceito de homem vem substituído pelo de sujeito de direito, inexistentes no mundo antigo. As categorias de sujeito de direito, capacidade de direito, direito positivo foram abstrações introduzidas por Savigny, que subjetivou a idéia de direito, tornou os conceitos abstratos e positivou (estatizou) os princípios (...)"[50].

Não se entendia como parto ao aborto casual ou provocado. Tampouco eram considerados filhos aqueles procriados com anormalidade, em oposição à figura do gênero humano. Assim, o nascido que era contado como filho, se considerava perfeito.

4.2. Capacidade jurídica (*capitis deminutio*)

Denominava-se *capitis deminutio* ao cambio de um *status* anterior. A *capitis deminutio* era a perda da cidadania e da liberdade. Igualmente, podia existir uma *capitis deminutio* media ou menor, quando se perdia a cidadania, mas se conservava a liberdade. Existia a *capitis deminutio* mínima quando se conservava a cidadania e a liberdade, mas variava o *status* de nome (o que ocorria com os adotados).

---

50 POLETTI, Ronaldo. *Elementos de Direito Romano Público e Privado*. Brasília: Brasília Jurídica, p 74.

Era naturalmente evidente que o louco, ainda que estipulasse e prometesse, nada fazia. Assim foi dito no seguinte texto latino: *"Furiosum, sive stipulatur sive promittat, nihil agere natura manifestum est"* [51].

Igualmente a incapacidade recaia sobre aquele que, com certa idade, não podia compreender o que fazia. Também ocorria com o surdo, pois ainda que podia falar, quando prometesse, devia ouvir as palavras do estipulante; e se estipulasse, devia ouvir as palavras do promitente. Essa regra não estava referida à pessoa que ouvia com dificuldade, mas sim àquele que não ouvia de forma absoluta.

Considerava-se a debilidade temporal (*morbum*) e permanente ou perpétua (*vitium*) do corpo; por exemplo, a deformação de uma parte do corpo e o torto em relação à impossibilidade natural do cumprimento das obrigações.

As mulheres eram excluídas de todos os cargos civis ou públicos; e portanto, não podiam ser juízes, nem desempenhar uma magistratura, nem demandar, nem intervir por outro, nem ser procuradores. Tampouco podiam ser testemunhas no testamento. A *lex Iulia de adulteriis* proibia a apresentação como testemunha da mulher condenada por adultério.

4.3. Liberdade e escravidão

Para todos os efeitos jurídicos é livre aquela pessoa que tem faculdade de fazer e deixar fazer alguma coisa. Assim, "a liberdade, entretanto, é condicionada pela lei, que regula o que não se pode fazer e, pois, circunscreve o arbítrio de cada pessoa. Inexiste a liberdade absoluta, pois todos devem agir dentro dos limites impostos pela ordem legal, visto que meu direito termina quando começa o direito de outrem"[52].

Levando-se em consideração o conceito de liberdade na sociedade romana, o homem se encontrava em situação de liberdade (livre) ou em situação de escravidão escravo, pois segundo Gaio, a mais importante divisão no direito das pessoas é essa que indica que todos os homens são livres ou escravos: *et quidem summa divisio de iure personarum haec est, quod omnes homines aut liberi sunt aut servi* (Gio, I., 9)

Assim, no direito romano, se distinguiu as pessoas a partir da liberdade e da escravidão, pois na sociedade romana todos os homens eram livres ou escravos.

Desta forma, o escravo nascia da escrava e todo homem podia-se converter em escravo pelo *Ius gentium*, isto é, pelo cativeiro, ou pelo *Ius civile*, como era o caso do homem livre maior de vinte anos que tolerava ser vendido para participar no preço.

Em suma, os escravos geralmente resultavam das dívidas ou das conquistas militares. Também era escravo quem nascia de mulher escrava (filho de escrava).

Os homens, em condição de escravos estavam sob a potestade dos donos. Dita potestade era de *ius gentium* e em todas as cidades se observava o poder de vida ou morte sob os mesmos.

4.4. Cidadania

A cidadania ou *civitas* foi a máxima condição oferecida a todo homem romano pelo fato de ser livre. "Só o cidadão romano tem plena capacidade de direitos e está no gozo de todos eles. Aos que somam as qualidades de civis e livres lhes é permitido o acesso ao *Jus*

51 RAMOS J., Arias. Derecho Romano. *Selección de textos latinos con su versión castellana, para prácticas de exégesis, repasos, casos, ejemplos, etc.* Madrid: Revista de Derecho Privado, T. 3, 1945, p 19. (Texto tomado do Digesto, Livro 44, Título 7, de obligationibus, 1,12-15 Gaio).

52 FILARDI Luiz, Antônio. *Curso de Direito Romano*. São Paulo: ATLAS, 1999, p 56.

civiles romanorum, *Jus proprium ipsius civitatis*, ou seja, o direito civil dos romanos, o direito da própria cidade. O homem pode ser livre, mas não ser cidadão; nesse caso, suas relações jurídicas são reguladas pelo *Jus gentium*, o direito de gentes"[53].

4.5. Patronato

Regulamentou-se o patronato pelo qual o liberto isento da obrigação de donativo, presentes e serviços, ficava obrigado a alimentar ao patrono necessitado na medida de suas possibilidades: *egentem patronum libertus obligatione doni muneris et operarum solutus alere cogendus est pro modo facultatum suarum* (Sentença de Paulo, 2, 32, 1)

53 FILARDI Luiz, Antônio. Op. cit., p 61.

Capítulo 5

Direito das Coisas (*Jus Rerum*)

Dentro da história interna do direito romano, estudamos até o momento, os sujeitos de direito e os atos jurídicos. Os primeiros, aqueles sobre os quais incidia a norma jurídica romana; os segundos, concernentes aos atos negociais praticados de conformidade com a sobredita estrutura legal romana.

No presente capítulo estudaremos determinados aspectos relativos à sistematização teórica e normativa dos bens (objetos de direito), igualmente guarnecidos e regulados pelas mesmas normas jurídicas romanas.

Neste ponto, pois, ingressaremos nas noções básicas dos denominados Direitos Reais, ou simplesmente Direito das Coisas, qual seja, aquele conjunto das normas jurídicas romanas que disciplinava as relações entre os sujeitos de direito e os objetos de direito.

5.1. Distinção entre propriedade e a posse

Na técnica do direito romano a propriedade diferia da posse fundamentalmente porque esta era a titularidade subjetiva e jurídica sobre a coisa, enquanto aquela era a titularidade objetiva e fática sobre o bem.

Segundo a doutrina e o direito histórico a posse foi considerada como uma forma de exteriorização da propriedade. Em suma, o possuidor podia estar exercendo a posse sem ter o título de domínio (propriedade), assim como o titular desse domínio ocasionalmente também poderia estar exercendo a posse, sendo não menos certo que poderia ele estar exercendo a propriedade sem estar exercendo a posse.

5.2. Tipos de propriedade no direito romano

Nos estudos históricos e sócio-jurídicos de Roma se verifica a existência de diferentes tipos de propriedades, a saber:

a) Propriedade quiritária (*diminium ex iure quiritium*).

Exclusiva dos cidadãos romanos, eram isentos de impostos e adquiridas pelos meios legais regulares de aquisição (*mancipatio, traditio* e *in iure cessio*, como se verá adiante);

b) Propriedade pretoriana (*bonitária*).

Aquelas conferidas pelo pretor nas discussões de domínio que se lhe submetiam.

c) Propriedades provinciais.

Terras situadas em áreas fora da península itálica, pertencentes ao Estado Romano (por vezes ao próprio Imperador, e em razão dos domínios romanos). Mas com uso e gozo concedidos por este a particulares. Na prática, o regulamento de tais domínios era igual ao da propriedade quiritária supra referida.

d) Propriedade dos peregrinos.

Domínio da titularidade dos estrangeiros, e pouco a pouco se ajustando e se assemelhando à propriedade quiritária.

Entre os cidadãos romanos a propriedade era de duas classes: *in bonis* ou pelo direito quiritario; ou, ainda, com ambos direitos).

5.2.1. Modos de aquisição da propriedade

Depois de verificarmos as espécies de propriedade identificadas em Roma, passaremos a analisar as formas através das quais a propriedade era adquirida.

Dividiam-se em dois grupos:

1°) *Modos originários*: quando o domínio era adquirido sem relação do dono com o adquirente;

2°) *Modos derivados*: quando havia tal relação, mediante transferência do domínio pelo dono ao adquirente através de atos jurídicos.

No primeiro grupo (modos originários) conhecem-se as seguintes subespécies:

a) Ocupação: tomada de posse de coisas sem dono. Por exemplo: caça, pesca ou ilhas nascidas nos rios ou no mar.

As bestas em estado selvagem, as aves e os peixes (todos os animais que nascem na terra, no mar e no céu) capturados por alguém começam instantaneamente a ser seus, em virtude do *Ius gentium*, pois o que com anterioridade não era de ninguém era concedido por razão natural, ao ocupante. Não importava que esses animais foram capturados no próprio prédio ou no prédio alheio, se bem que, a quem desejasse entrar no prédio alheio se lhe podia proibir pelo dono, se visto previamente.

Quem para lucrar encontrava alguma coisa alheia que estava caída no solo, estava sujeito à *actio furti*, tanto se sabia de quem era, quanto se o ignorava; porque nada importava que ignorara de quem era a coisa para atenuar o furto. Mas, se o dono a tivesse abandonado, não se cometia furto dela, ainda quando se tinha intenção de furtar.

Igualmente, o que se tomava dos inimigos se fazia em virtude do *Ius gentium*. Assim, o divino Commodus resolveu que os bens dos prisioneiros teriam de ser, em todos os casos, agregados ao fisco: *divus Commodus rescripsit obsidum bona sicut captivorum omnimodo in fiscum esse cogenda*" (Digesto, 49, 14, *de iure fisci*, 31, Marciano)

b) Invenção (descoberta): quando se descobria tesouros ou mesmo pedras ou minerais.

Todos os que em lugares de propriedade particular, com escavações industriosas, procuravam mármores, deviam entregar ao fisco uma décima parte e outra décima ao dono, salvando para seus próprios fins o restante.

Se considerou como tesouro o depósito antigo de dinheiro, do qual não existia memória, de modo que não tinha dono, e não sendo de outro, se fazia, portanto, de quem o encontrava. Mas se alguém tivesse escondido debaixo da terra, alguma coisa por motivo de cobiça, ou de medo, ou de custódia, não era considerado tesouro, e em face disso, também se cometia furto.

O divino Adriano, impulsionado pela equidade natural, estabeleceu que os tesouros que se descobriam em solo próprio ou por caso fortuito em lugares sagrados e religiosos, eram de quem os tivesse descoberto. Mas, se alguém o encontrasse em lugar alheio, não por trabalho, e sim fortuitamente, se lhe concedia a metade ao descobridor a outra metade ao dono do solo. Se alguém o encontrasse em propriedade do César, seria a metade para o descobridor e a outra metade para o César. Se alguém o encontrasse em lugar público ou fiscal, seria a metade para ele e a outra para o fisco ou para a cidade.

c) Acessão: que significava a junção natural de uma coisa à outra.

Nesse caso, a propriedade passava a pertencer àquele que era o dono da coisa principal e podia ser assim classificada: móvel a móvel, por exemplo, tintura ou pintura; e imóvel a imóvel, por exemplo, avulsão (desprendimento natural de terras) e aluvião (aterro natural); e móvel a imóvel, por exemplo, plantação e edificação.

Sob a acessão se estabeleceram diversas regras. Vejamos os seguintes exemplos:

1º) "Aquilo que por aluvião se agregava pelo rio a uma finca era adquirido pelo dono da mesma, conforme o *Ius gentium*. Se entendia agregado por aluvião o que se unia paulatinamente, de tal maneira que não podemos determinar quanto se agrega em cada lapso de tempo" (D., 41, 1, *de adquirendo rerrum Dom.*, 7, 1 Gaio, *apud* RAMOS, J. Arias. *Derecho Romano. Selección de textos latinos*. Madrid: Revista de Derecho Privado, vol. III, 1943, p 311).

2º) "Se a força do rio arrancava de um prédio uma parte e a levasse a outro prédio seguia sendo do primeiro. Mas se se houvesse aderido por um tempo mais prolongado e as árvores que tivesse levado, houvessem naturalmente plantado, se consideravam como adquiridos também naturalmente" (Gaio 7, 2, *apud* RAMOS, J. Arias. *Derecho Romano. Selección de textos latinos*. Madrid: Revista de Derecho Privado, vol. III, 1943, p 311).

3º) "Se o rio abandonava em sua totalidade seu curso natural, e começava a correr por outra parte, o primitivo curso era, evidentemente, daquele que possuia prédios na beira ou margem" (Gaio 7, 5-6, *apud* RAMOS, J. Arias. *Derecho Romano. Selección de textos latinos*. Madrid: Revista de Derecho Privado, vol. III, 1943, p 311).

4º) "Quando tivesse sido inundado um campo em sua totalidade, ao se retirar a água o fundo segue sendo do mesmo dono" (Gaio 7, 5-6, *apud* RAMOS, J. Arias. *Derecho Romano. Selección de textos latinos*. Madrid: Revista de Derecho Privado, vol. III, 1943, p 312).

5º) "Se surgia uma ilha no rio ela pertencia em comunidade a todos os donos dos prédios na ribeira de um ou outro lado do rio" (Gaio, 2, 72, *apud* RAMOS, J. Arias. *Derecho Romano. Selección de textos latinos*. Madrid: Revista de Derecho Privado, vol. III, 1943, p 312).

6º) "Como fruto dos gados se compreendiam também as crias, o leite, o pelo e a lã e desse modo, os cordeiros, cabritos e bezerros, eram de pleno direito do possuidor de boa fé e do usufrutuário" (D., 22,1, *de usuris*, 28, pr. 1 Gaio, apud RAMOS, J. Arias. *Derecho Romano. Selección de textos latinos*. Madrid: Revista de Derecho Privado, vol. III, 1943, p 316).

d) Especificação: transformação de algo em coisa nova, como por exemplo, a transformação da uva em vinho, do mármore em estátua. Vejamos os seguintes exemplos:

1º) "Se A plantava em solo seu uma planta de outro, era dele; e, se em solo alheio tivesse plantado uma planta dele, era do proprietário daquele; sempre que, em um ou em outro caso, tivesse nascido as raízes dessas plantas" (Gaio 7, 13, 2, 72, *apud* RAMOS, J. Arias. *Derecho Romano. Selección de textos latinos*. Madrid: Revista de Derecho Privado, vol. III, 1943, p 312).

2º) "O madeiro unido a um edifício ou vinha, não podia se separado" (XII Tab., 6, 7, *apud* RAMOS, J. Arias. *Derecho Romano. Selección de textos latinos*. Madrid: Revista de Derecho Privado, vol. III, 1943, p 313).

3º) "Aquilo que foi edificado no solo de outro, era deste, por direito natural, ainda que o primeiro o houvesse edificado em seu nome" (Gaio, 2, 73, *apud* RAMOS, J. Arias. *Derecho*

Romano. Selección de textos latinos. Madrid: Revista de Derecho Privado, vol. III, 1943, p 313).

4º) "Se alguém edificava algo com matéria de outro em solo próprio, se entendia que o mesmo dono do solo era também dono do edifício, pois o edificado cedia ao solo" (Gaio, 7, 12, *apud* RAMOS, J. Arias. *Derecho Romano. Selección de textos latinos*. Madrid: Revista de Derecho Privado, vol. III, 1943, p 313).

5º) "Se alguém tecia em um vestido, púrpura alheia, ainda que a púrpura fosse mais valiosa, cedia por acessão ao vestido; e o que era dono da púrpura, tinha contra aquele, a *actio furti* e a *condictio*, fosse ele ou outro quem fez ou vestido" (I., 2, 1, *de rerum div.*, 26, *apud* RAMOS, J. Arias. *Derecho Romano. Selección de textos latinos*. Madrid: Revista de Derecho Privado, vol. III, 1943, p 314).

6º) "Se alguém com prata de outro fazia copos, se podia exercitar a *actio furti* ou a *condictio*, bem pelos copos, bem pela prata. O mesmo ocorria com a uva e o vinho" (D., 47, 2, *de furtis*, 52, 14 Ulpiano, *apud* RAMOS, J. Arias. *Derecho Romano. Selección de textos latinos*. Madrid: Revista de Derecho Privado, vol. III, 1943, p 316).

7º) "A vontade dos donos que misturavam seus materiais fazia comum a totalidade obtida". (Gaio, 7, 8, *apud* RAMOS, J. Arias. *Derecho Romano. Selección de textos latinos*. Madrid: Revista de Derecho Privado, vol. III, 1943, p 317).

8º) "Se o trigo de ambos os proprietários se misturava, era comum ser essa mistura voluntária. Mas se fosse casual ou contra a vontade de um, não se estimava comum" (I., 2, 1, *de rerum div.*, 28, *apud* RAMOS, J. Arias. *Derecho Romano. Selección de textos latinos*. Madrid: Revista de Derecho Privado, vol. III, 1943, p 317).

e) Aquisição dos frutos: aquilo que era destacado da coisa frugífera. Vejamos os seguintes exemplos:

1º) "Os frutos pendentes se consideravam partes do prédio" (D., 47, 2, *de furtis*, 61 (62), 8 (Africano), *apud* RAMOS, J. Arias. *Derecho Romano. Selección de textos latinos*. Madrid: Revista de Derecho Privado, vol. III, 1943, p 316).

2º) "Se teu cavalo prenhe a minha égua, o que nasceu não é seu, mas meu" (D., 6, 1, *de rei vindicat.*, 5, 2 Ulpiano, *apud* RAMOS, J. Arias. *Derecho Romano. Selección de textos latinos*. Madrid: Revista de Derecho Privado, vol. III, 1943, p 315).

3º) "Como fruto dos gados se compreendem tanto as crias como o leite, o pelo e a lã. Portanto, os cordeiros, os cabritos e os bezerros se faziam, com pleno direito do possuidor de boa fé e do usufrutuário" (D., 22, 1, *de usuris*, 28, pr. 1 Gaio, *apud* RAMOS, J. Arias. *Derecho Romano. Selección de textos latinos*. Madrid: Revista de Derecho Privado, vol. III, 1943, p 316).

4º) "A cria de uma escrava não era considerada fruto, pertencia ao proprietário; porque era absurdo que o homem fosse considerado um fruto, sendo que a natureza proporcionou a todos os frutos das coisas em consideração ao homem" (D., 22, 1, *de usuris*, 28, pr. 1 Gaio, *apud* RAMOS, J. Arias. *Derecho Romano. Selección de textos latinos*. Madrid: Revista de Derecho Privado, vol. III, 1943, p 316).

f) Usucapião: lapso de tempo em que a posse era exercida, que acabava por transformar tal posse em propriedade.

Também denominada prescrição aquisitiva da propriedade pela posse.

Usucapião era a adição do domínio pela constituição da posse durante um tempo determinado na lei.

Não se admitia a usucapião dos prédios púplicos e provinciais e nem para as coisas *mancipi* da mulher que estava sob a tutela dos agnados.

Em Roma, conhecia-se a *praescriptio longi temporis*, quando o possuidor com justo título e boa fé exercia a posse do imóvel por dez anos entre presentes e vinte anos entre ausentes e a *praescriptio longissimi temporis*, quando o possuidor exercia a posse do imóvel sem justo título e sem boa fé por quarenta anos. Para os bens móveis, a prescrição aquisitiva era de três anos.

Para prescrição de prolongada posse (*longi temporis praescriptio*), para aquele que tivesse justo título, e estivessem na posse sem contradição, se estabelecia um interregno de vinte anos em face daqueles que habitavam noutra cidade, e de dez anos em face dos que habitavam na mesma.

Por outro lado, se alguém, a título de compra, ou de doação, ou de qualquer outro contrato, tivesse possuído de boa fé uma coisa durante dez ou vinte anos, e adquirido a seu favor a *exceptio longi temporis* em face dos donos dela, ou contra credores que alegavam uma hipoteca sobre a mesma, e depois tivesse perdido por caso fortuito a posse de dita coisa, podia ter ele também a ação reivindicatória a respeito da mesma coisa.

No segundo grupo ou modo derivado de aquisição da propriedade conhecia-se:

a) a *mancipatio*: modo solene destinado à transferência de propriedade das *res mancipi*, correspondente à escritura de compra e venda de hoje;

b) *in iure cessio*: transferência judicial, pelo pretor. Para *res mancipi* e *res nec mancipi*;

c) *traditio*: para bens *nec mancipi*, a simples tradição da coisa, ou seja, a passagem dela de uma mão para a outra, revelava a forma de aquisição da propriedade em referência.

5.2.2. Defesa da propriedade

A defesa judicial da propriedade, dava-se pelas seguintes ações:

a) *reivindicatória*: destinada à propriedade quiritária, a *rei vindicatio* buscava a posse do bem pertencente ao titular do domínio, mas na posse de outrem (ou do próprio vendedor) ou mesmo a devolução do preço pago;

b) *ação publiciana*: criada pelo pretor republicano P*ublicius*, similar à anterior, mas destinada à propriedade *bonitária*;

c) *ação negatória*: destinada à lesão parcial do direito de propriedade.

Há que se observar que as duas últimas ações caíram em desuso ao tempo de Justiniano, permanecendo a reivindicatória até hoje.

Existiam regras específicas pelas quais se regulamentava a propriedade sobre o solo. Assim, em solo provincial não se podia fazer solo religioso, porque no dito solo, o domínio era do povo romano ou de César, podendo-se exercer só a posse e o usufruto.

5.3. A posse: composição e conceituação

A posse era tida pelos romanos como sendo aquele poder físico-fático sobre a coisa, evidentemente protegido pelo direito.

Se considerava possuidor a quem possuía no campo o na cidade um bem de raiz. Também se entendia que possuidor era quem possuía um *ager vectigalis*, isto é, enfitêutico, assim como quem tinha uma nua propriedade; pois, aquele que só tinha o usufruto, não era possuidor.

Compunha-se a posse, nessa medida de dois elementos fundamentais: *animus* e *corpus*. Aquele significava intenção e vontade do sujeito de direito em ter a coisa. Este consistia no efetivo supra aludido poder físico sobre essa coisa.

5.3.1. Tipos de posse

Conhecia-se em Roma três tipos de posse, assim abordadas pelos jurisconsultos:

a) *Possessio naturalis*: mera detenção sobre a coisa, sem a intenção (ou mesmo possibilidade) de ter para si, eis que confere ao possuidor simples, autorizada e temporária relação de fato com ela. Exemplos: o locatário, o depositário, o comodatário, o usufrutuário, o credor pignoratício, etc.

b) *Possessio ad interdicta*: era aquela posse exercida independentemente de justa causa ou boa fé (*bonae fidei*), com a intenção (e possibilidade até) do possuidor em ter a coisa para si.

c) *Possessio civilis*: também denominada de *possessio ex iusta causa*[54]. Como o próprio nome em latim sugere, era aquela posse exercida mediante justa causa e boa fé e, portanto, suscetível de se transformar em propriedade através de seu exercício por determinado período.

Justa causa pode-se resumir, como um fundamento lícito para o exercício da posse, por exemplo, a uma propriedade decorrente da compra e venda, ainda não revestida das formalidades legais. Em Roma, nas propriedades imóveis, pela *mancipacio*.

A este ingrediente da *possessio civilis*, como se disse, somava-se a *bonae fidei* (boa fé) do possuidor, evidentemente, desde então, sempre *pari-passu* com o ordenamento jurídico.

5.3.2. Proteção da posse: *interdictum*

A proteção da posse legítima (boa fé e justa causa) operava-se em Roma, por meios dos denominados interditos possessórios. Tais medidas eram tomadas pelo interessado diante do pretor, ou seja, judicialmente.

O pretor examinando a natureza da posse que lhe era submetida através de um procedimento judicial rápido e simples, concedia ao pleiteante os supra referidos interditos, cujo significado era proibição, no sentido de proibição da violação da posse legítima.

Essa violação, por sua vez, podia dar-se em forma de turbação ou de esbulho. Ocorria a turbação quando tal violação da posse se iniciava e não atingia a totalidade do bem. Por exemplo, uma área de terras onde o violador vai adentrando com seus animais pela divisa. Ocorria, outrossim, o esbulho possessório quando a violação da posse era total, por exemplo, no caso acima, o violador vinha a ocupar toda a área invadida.

Pois bem, no caso da turbação, o possuidor agredido tinha ao seu dispor os denominados interditos *retinendae*, por onde ele seria manutenido na posse.

Em tais interditos, conhecia-se duas espécies:

- *Interdictum uti possidetis*: destinados aos casos de turbação dos bens *mancipi* (sujeitos à formalidade de *mancipatio*) no início, e depois, ao tempo de Justiniano, destinado aos bens imóveis;

---

54 MOREIRA Alves, José Carlos. *Direito Romano*. 7. ed. Rio de Janeiro: Forense, vol. I, 1991, p 335.

- *Interdictum utrubi*: este interdito era utilizado para os bens *nec mancipi* (não sujeitos à formalidade supra referida) no princípio, e depois, para os bens móveis. Uma particularidade deste interdito: a posse era conferida a quem possuíra o bem durante mais tempo, dentro do ano anterior ao ajuizamento da ação.

Já no caso do esbulho, o possuidor legítimo agredido tinha ao seu dispor, os denominados *interdictum recuperandae*, onde ele seria reintegrado na posse do bem. Em tais interditos, conhecia-se as seguintes espécies deles:

1ª) *Interdictum unde vi*: destinados à proteção do esbulho possessório de bens *mancipi* (depois imóveis);

2ª) *Interdictum utrubi*: no mesmo caso que o *utrubi retinandae*;

3ª) *Interdictum de vi armata*: conferido contra o esbulho praticado a mão armada (ou seja, com violência);

4ª) *Interdictum de precario*: aqueles destinados a proteger a posse contra esbulho de quem recebera a posse a título temporário.

5.4. Os direitos reais sobre coisas alheias (*iura in re aliena*) e as limitações da propriedade

Quando, em circunstâncias jurídicas especiais, exercia-se a posse ou a propriedade sobre coisas pertencentes a outrem, estava-se diante dos denominados direitos reais sobre coisas alheias.

Assim, o exercício da propriedade não era absoluto. Era relativo porque, em razão do bom convívio social, por vezes a propriedade era limitada. Por exemplo, a construção das janelas das casas deveria respeitar a propriedade limítrofe, não sendo aposta da maneira que, ao ser aberta, via-se o interior daquela outra residência. Esta era uma limitação de ordem privada, posto que relativa a particulares (vizinhos).

Se por exemplo, uma casa ou uma parede fosse comum e houvesse necessidade de repará-la, ou demoli-la, ou encrostrar algo nela, teria que se exercitar a *actio communi dividundo,* ou o interdicto *uti possidetis*.

Em outras ocasiões, os frutos caídos no terreno vizinho continuavam de propriedade do dono da árvore. O vizinho tinha de tolerar que o outro os recolhesse, dia sim, dia não[55]. Ainda aqui, limitações de ordem privada.

Também na Lei das XII Tábuas, como já comentamos, se estabeleceu que se cortassem os ramos das árvores até uma altura de cinco pés, a fim de que a sombra da árvore não prejudicasse o prédio vizinho.

5.4.1. Direitos reais de gozo

Alguns direitos reais eram exercidos sobre bens alheios, permitindo-se o gozo sobre tais bens por parte de quem sobre eles não exercia o domínio ou a posse.

Assim, na servidão predial, perpétua e indivisível, a pessoa que necessitasse se servir da propriedade alheia, sem o que, não poderia usufruir de sua própria, poderia fazê-lo autorizado por lei. Por exemplo, uma área situada atrás de outra, sem saída ou sem entrada, pode se servir desta para entrar ou sair de tal área.

Quando, por outro lado, fosse instituída a servidão pessoal, determinadas pessoas podiam, através dela, gozar da propriedade alheia, autorizadas pela lei. Por exemplo, o

55 MARKY, Thomas. Op. cit., p. 66.

usufruto, o uso, a habitação e o uso do trabalho de escravos. Na primeira o usufrutuário, temporariamente tem a posse, que é respeitada, inclusive pelo proprietário. Na segunda, a posse era exercida pelo usuário na medida das suas neccssidades. Na terceira, exclusivamente para a habitação. Na quarta eram usados os escravos por terceiros que não os proprietários, para determinados serviços.

Quando, entretanto, a terra era objeto de uso e gozo para cultivo agrícola e mediante o pagamento de um encargo denominado *laudemium*, estávamos diante da enfiteuse. E, quando esse uso o gozo era destinado à construção pelo terceiro não proprietário, estávamos diante da superfície.

Igualmente, era de *ius gentium* o uso público das ribeiras; e, assim, qualquer pessoa era livre de atracar nela embarcação e por nela qualquer carga, assim como navegar pelo rio.

5.3.1.1. Servidão

O sistema mais antigo dos direitos sobre as coisas, segundo o ordenamento histórico, não compreende mais do que a servidão rústica, ou melhor, de duas destas: a servidão de passo em suas três formas: de passo a pé, com veículos ou por uma via já formada (*iter, actus, via*); e a servidão de aqueduto (*aquaeductus*). Todos os demais direitos, servidões urbanas, usufruto, uso, habitação, superfície, enfiteuse, deviam referir-se a época histórica, e alguns deles devia seu reconhecimento e definitiva sistematização, à obra dos compiladores *justinianeus*[56].

No direito romano, as servidões, ou eram pessoais, como o uso e o usufruto, ou reais, como as dos prédios rústicos e urbanos.

A servidão era predial quando sem prédio não podia constituir-se. Assim, ninguém podia adquirir uma servidão urbana ou rústica, si não tivesse prédio.

Chamava-se prédio urbano o edifício sobre o qual podia constituir-se servidão urbana.

Quando um prédio servia a outro, por exemplo, ao vender-se, lhe segue a servidão. Com a mesma particularidade serviam também as edificações aos prédios e os prédios às edificações.

As servidões dos prédios rústicos eram as seguintes:

a) *Iter*;

b) *Actus*;

c) *Via*;

d) *Aquaeductus*.

Iter, era, pois, o direito dos homens de ir ou passar (não o de passar guiando uma cavalaria).

Actus era o direito de passar guiando uma cavalaria ou um veículo, de tal modo que, quem tinha *iter* não tinha *actus*, mas quem tinha *actus* tinha também o direito de passar sem cavalaria (*iter*).

Via era o direito de ir, conduzir e passar, pois a via continha cm si o *iter* e o *actus*.

Servidão de *aquaeductus* era o direito de conduzir água por um prédio alheio.

---

56 BONFANTE, Pietro. Op. cit., p 217.

Enter as servidões rústicas contavam: a de sacar água, a de levar o gado no bebedouro, o direito de pasto, o de trabalhar o cal e o de tirar areia.

Eram servidões dos prédios rústicos: a de poder elevar mais uma edificação e prejudicar a quinta do vizinho, ou a de poder ter um esgoto através da casa do vizinho ou de sua quinta ou de palácio campestre, ou a de poder ter uma calha (que caia sobre o prédio vizinho).

Podia igualmente impor-se servidão para que os bois com que se cultivava uma terra, pastassem na terra vizinha.

Os edifícios que sofriam as servidões de que não podiam ser levantados mais altos, podiam ter jardins sobre dito nível; mas se a servidão era de vista, esta não podiam ser impedidas.

Em relação à servidão no direito romano se consideraram as seguintes regras:

Se alguém teria um sepulcro, mas não um caminho que se leva até ele, e se lhe proíbe passar pelo vizinho, se devia pedir e conceder caminho.

Se o vizinho tivesse desviado um córrego ou correnteza, prejudicando o vizinho, para que a água não chegasse à sua propriedade, não se poderia exercitar contra ele a *actio aquae pluviae arcendae*, pois conter a água era cuidar de que não invadesse sua terra, e a intenção não era prejudicar, mas evitar prejudicar-se.

Quando um caminho público se tem por perdido, por avenida de um rio ou por ruína, o vizinho imediato deve conceder o passo.

Por outro lado, as limitações administrativas atingiam a propriedade particular, movidas pelo interesse público. Alguns prédios tinham sua demolição proibida no período imperial, em razão de decreto do Imperador[57].

5.4.1.2. Usufruto

Usufruto era o direito de usar e desfrutar de coisas alheias, salvando a essência das coisas. Era, pois, um direito sobre um objeto, suprimido o qual, necessário era que aquele tinha que desaparecer.

O usufruto se extinguia pela morte do usufrutuário e por duas classes da *capitis deminutio*: a máxima e a média, e pelo não uso em tempo e forma.

Também, acabava o usufruto se se cedia pelo usufrutuário ao dono da propriedade (mas cedendo-o a um estranho nada se fazia). Se o usufrutuário adquirisse a propriedade da coisa, a tal fato denominava-se consolidação.

Quando os edifícios tivessem sido consumidos por um incêndio, ou derrubados por um terremoto ou por defeitos próprios, se extinguia o usufruto.

O usufrutuário podia desfrutar da coisa ou conceder dito desfrute a outros, ou arrendá-lo, ou vendê-lo, porque quem arrenda usa e quem vende usa.

5.4.2. Direitos reais de garantia

As obrigações podiam ser garantidas por bens. Assim, na fidúcia, o empréstimo em dinheiro era garantido por um bem (garantia real), onde a propriedade desse bem era transferida ao credor até que a dívida fosse paga, oportunidade em que, uma vez efetuado esse pagamento, aquela propriedade era transferida novamente ao devedor.

---

57 MARKY Thomas. Op. cit., p 66.

Quando, todavia, o que garantisse essa dívida, fosse a posse, aqui teríamos o penhor. Note-se bem: aqui a posse do bem fica com o credor até o pagamento da dívida, obrigando-se a devolvê-lo ao devedor (proprietário) quando do pagamento.

Finalmente, quando a posse e a propriedade permanecessem com o devedor, que as atrelava à obrigação através de um liame jurídico à dívida, estávamos diante da hipoteca. Note-se bem, se a dívida não fosse paga, o credor hipotecado levaria o negócio jurídico ao pretor que lhe daria a posse e a propriedade do bem hipotecário, em vista do descumprimento da referida obrigação.

5.5. Dos bens objeto de direito

O objeto de direito, quais sejam, aqueles que estão em relação com os sujeitos, se configuram como "bens" ou "coisas", ou ainda, em Roma, como "*res*".

A importância do estudo e caraterização do objeto cinge ao vínculo jurídico que podiam ter com o sujeito (pessoa física ou jurídica, sobre a qual incidia a norma jurídica romana), e sobre qual exerciam diversas influências jurídicas. Por exemplo, a propriedade de alguém sobre determinadas cabeças de gado, o aluguel ou venda de um escravo, etc. As *res*, portanto, eram as coisas, materiais ou imateriais, suscetíveis de compor patrimônio de um "sujeito".

5.5.1. Classificação das coisas

A principal divisão das coisas se fazia em duas seções, pois uma era de direito divino e outra de direito humano.

De direito divino eram por exemplo, as coisas sagradas e as religiosas que eram consagradas ou deixadas aos deuses. Sagrado se entendia aquilo que, por autoridade do povo romano, tinha sido consagrado, por exemplo, por uma lei proposta sobre um assunto ou por um senatosconsulto.

Se faziam religiosas por vontade um lugar, sepultando nele um cadáver (um sepulcro). Também se classificavam como santas as coisas como as muralhas e as portas (da cidade), as quais se lhes atribuía direito divino.

Em princípio, as coisas de direito divino não se consideravam que estavam entre os bens de ninguém. As coisas de direito humano ordinariamente estavam entre os bens de alguém, ainda quando podiam também estar entre os bens de ninguém. Por exemplo: as coisas hereditárias, antes de que exista um herdeiro, não estavam entre os bens de ninguém.

Dentro do direito natural também se classificavam as coisas como comuns a todos (o ar, a água corrente, o mar, as ribeiras do mar); mas não eram do *Ius gentium* as granjas, monumentos e os edifícios.

Os rios e os portos eram públicos, e, portanto, o direito de pescar era comum. Eram consideradas ribeiras do mar, a área até onde alcançavam, no inverno, as maiores ondas. Eram de corporações, e não de particulares, os bens que estavam nas cidades, como teatros, estádios, etc.

Podemos visualizar as "coisas" romanas, sob a seguinte classificação genérica:

a) Coisas patrimoniais e não patrimoniais.

Esta classificação tinha como causa o patrimônio. As coisas podiam estar dentro ou fora do patrimônio.

b) Coisas dentro do comércio e fora do comércio.

As coisas podiam estar sujeitas à comercialização (no comércio). Também denominadas "*res in commercium*" ou "*res in patrimonio*", além da mencionada comercialização, sujeitas estavam aos atos jurídicos em geral, dentre os quais os civis, tais como, doação, mútuo, usucapião, etc., sempre manifestando uma supremacia potestativa (de poder) do sujeito sobre elas. Dividiam-se, pois, em:

Corpóreas e incorpóreas.

Segundo Gaio, corpóreas eram dotadas de um corpo físico, podiam ser tocadas (o prédio, o escravo, um cavalo, o vestido, o ouro, a prata) e incorpóreas eram dotadas de uma existência intelectual, não podiam se tocar (os direitos, a herança, o usufruto, as obrigações).

Res in mancipi e *res nec mancipi.*

Em princípio, todas as coisas eram *mancipi ou nec mancipi.* Coisas *mancipi* eram os prédios em solo itálico, tanto os rústicos, como a terra (todo prédio e campo), como os urbanos, a casa (normalmente os edifícios urbanos se chamavam de casa e os rústicos de sítios ou granjas); igualmente, os direitos sobre os prédios rústicos, (servidão de passo, o aqueduto, os escravos e os quadrúpedes que se domam pelo lombo, como o boi, mulas, cavalos, asnos.

O lugar sem edifício na cidade se chamava de *área* (solar), e, no campo, *ager* (terra). Essa mesma terra com edifício se chamava de prédio.

As demais coisas eram *nec mancipi.* Os elefantes e os camelos, ainda que se os domassem pelo lombo, eram *nec mancipi.*

A *mancipatio* era a maneira peculiar de alienação das coisas *mancipi,* a qual se fazia com palavras precisas, *libripens* e estando presente cinco testemunhas.

Em suma, verdadeira origem das coisas móveis e imóveis, assim consideradas do alto império adiante (período também denominado clássico). As "*res in mancipi*" eram aquelas que se submetiam a uma formalidade mais rígida e solene para sua transferência e nem sempre eram coisas imóveis. Por exemplo, os escravos, os animais de tiro e de carga (cavalos, bois e burros), bem como os imóveis em geral situados em solo itálico; as *res nec mancipi* eram as demais "coisas *in commercium*", tais como sendo aquelas em que a transferência se dava sem qualquer formalidade.

Res fungibiles e *res infungibiles.*

Uma ligação de fungível com substituível e infungível com o vocábulo insubstituível, dá uma noção exata da classificação romana (e também da atual) dos bens, neste particular.

Atrela-se à fungibilidade e à infungibilidade, ainda, a espécie, qualidade e quantidade e verificamos serem fungíveis os bens substituíveis por outros da mesma espécie, quantidade e qualidade. Exemplo clássico: dinheiro; (espécie – dinheiro; quantidade: 100 asses; qualidade – papel/ moeda); acresça-se ainda, por outro lado, os mesmos caracteres, à infungibilidade e verificaremos serem infungíveis os bens insubstituíveis por outros de mesma espécie, quantidade e qualidade. Ex.: "a biga de uso particular do imperador Nero";

Res consumibles e *res inconsumibles.*

Tenha-se as primeiras como aquelas que se exaurem com o primeiro uso. Deixam de existir. Exemplo: comida, remédio, perfume; tenha-se as segundas, como aquelas que não se exaurem ou não deixam de existir, com o primeiro uso. Exemplo uma estátua, uma casa, uma vestimenta. Sobre esta última, a vestimenta, entretanto, no direito denominado pós-clássico (período pós justiniano), veio ela a se situar, por obra dos jurisconsultos de então, ao lado de outros bens, como *res quae usu minuuntur*, ou seja, coisa que se exaure pouco a pouco, e isto como classificação intermediária entre as consumíveis e as inconsumíveis.

Coisas divisíveis e indivisíveis.

Tenha-se como divisíveis, as coisas dentro do comércio em Roma, que ao serem fracionadas, não perdem seu valor ou função econômico-social. Exemplo: dinheiro, vinho, cereal, e tenha-se como indivisíveis aquelas que, com essa divisão, perdem a mencionada função e valor. Exemplo, escravo, estátua, um livro.

Coisas simples, compostas e coletivas.

A noção mais assimilável, do ponto de vista didático, é aquela fornecida por José Carlos Moreira Alves[58]: "coisa simples é aquela que forma um todo orgânico (um animal, por exemplo); coisa composta é aquela que forma um todo mecânico (assim um navio)". Difícil, pois, não é, entendermos as coisas coletivas *universitates rerum*, como o agrupamento, seja de coisas simples, um rebanho, por exemplo, seja de coisas compostas (uma frota de navios), com valor econômico diferente, evidentemente.

Pode-se dizer, finalmente que até aqui focalizamos a classificação das coisas, consideradas em relação a si próprias. Passemos a uma classificação cujo critério seria, o das coisas reciprocamente consideradas. Assim:

Coisas principais e acessórias.

Principal vem a ser a coisa que existe por si própria, independentemente de outra e a acessória, aquela que existe atrelada e dependente daquela principal. Exemplo de principal, a ovelha; e de acessória, da própria ovelha, a lã; a cabra, a principal; acessório, o leite; pois bem, as acessórias, por sua vez, subdividem-se em, frutos e benfeitorias: aqueles em naturais (da própria coisa principal frutífera ou frugífera) e civis, decorrentes do contrato, de locação ou mútuo (empréstimo de coisa fungível), tais como os alugueres e os juros; os frutos naturais eram encontrados sob vários ângulos:

1°) pendentes: ainda ligados ao principal;

2°) separados (*percepti*) desligados da principal e aptos a ser objeto de negócio jurídico;

3°) percipiendos (*percipiendi*): já haveriam de ter sido da principal desligados, e

4°) consumidos (*consumpti*): desligados da principal e já consumidos, transformados ou mesmo alienados

No tocante às benfeitorias, denominadas *impensae* – despesa pelos jurisconsultos romanos, vinham a ser os atos materiais praticados pela mão humana, fosse para melhorar, embelezar (voluptuárias), fosse para aumentar (úteis) ou fosse indispensável à conservação (necessárias) do bem principal. Vale dizer, benfeitoria é um bem acessório, posto pela mão do homem em adesão ao bem principal. E se apresenta sob as três formas acima[59].

"São voluptuárias as de mero deleite ou recreio, que não aumentam a utilidade habitual da coisa, ainda que a tornem mais agradável ou sejam de elevado valor; são úteis as que aumentam ou facilitam o uso da coisa; necessárias as que tem por fim conservar a coisa ou evitar que se deteriore"[60].

Por sua vez, as "coisas benfeitorias se classificam em necessárias (as que têm por fim evitar que a coisa se deteriore), úteis (as que visam a aumentar a função da coisa) e voluptárias (que são as de mero deleite, como o embelezamento da coisa)"[61].

---

58 MOREIRA Alves, José Carlos. Op. cit., p 172 - 173.

59 CORRÊA, Alexandre SICIASCIA Gaetano. Op. cit., p 55.

60 MOREIRA Alves, José Carlos. Op. cit., p 175 –176.

Finalmente, para Tomas Mark[62] "podem ser elas (as benfeitorias) necessárias, quando imprescindíveis para garantir a existência e subsistência da coisa principal. Por exemplo: telhado novo. São úteis, quando aumentam a utilidade da coisa principal, que, porém, pode subsistir sem elas. Por exemplo: uma pintura nova no prédio. Voluptuárias são as de mero luxo, como uma piscina ao lado da residência". Pois bem, com isso obtivemos uma classificação das coisas em relação às outras coisas.

As segundas (*res extra commercium*), eram aquelas que, ao contrário, não estavam sujeitas aos atos jurídicos em geral, por razões especiais, não sendo suscetíveis de quaisquer negociações. Subdividiam-se, portanto, em:

1°) *Res extra commercium humani juris*: em outras palavras, fora do comércio em razão do homem, aqui subdivididas em; *communes omnium,* ou seja, aquelas comuns a todos, tais como, ar, águas dos rios e do mar, praias, etc.; e *publicae*, ou seja, aquelas pertencentes ao estado Romano. Por exemplo, o Coliseu, as estradas, o Fórum (Palácio da Justiça), etc.

2°) *Res extra commercium divini juris*: coisas fora do comércio, em razão de Deus, aqui subdivididas:

- Sacrae (sacras) ou deuses, tais como os templos;

- *Religiosae* (religiosas), ou seja, aqueles destinados ao culto dos mortos, como os túmulos e objetos fúnebres;

- *Sanctae* (santos), ou seja, aquelas santificadas pelos *áugeres* (sacerdotes) em épocas pagãs (anteriores a Cristo) tais como muros e portas da cidade.

Aqui se observa, na conformidade da classificação esposada por Celso Antonio Pacheco Fiorillo e Marcelo Abelha Rodrigues (in Manual de Direito Ambiental e Legislação Aplicável, São Paulo: Max Limonad, 1997, pp 85-99), além de Rui de Carvalho Piva (in Bem Ambiental, São Paulo: Max Limonad, 2000, pp 109-138), o embrião dos denominados bens difusos ambientais, que seriam um *tertium genus*, à clássica dicotomia: bens públicos e particulares.

---

61 CRETELLA Júnior, José. Op. cit., p 160.

62 MARKY Thomas. Op. cit., p 44 – 45.

Capítulo 6

As Obrigações e os Contratos no Direito Romano (*Jus Obligationum*)

Antes de adentrarmos no estudo das obrigações é preciso significar a diferença que existe entre os denominados direitos reais e os direitos pessoais.

Os direitos reais dizem respeito às normas que regem as relações entre as pessoas (sujeitos de direito) e os bens (objeto de direito). Os diretos pessoais dizem respeito às normas que regem as relações de pessoa para pessoa.

Enquanto no direito real, a relação mencionada é de posse e propriedade da pessoa sobre a coisa, no direito pessoal, tal relação jurídica é eminentemente obrigacional, e se estabelece observando-se o vínculo entre as pessoas. Por exemplo, se no direito real alguém exerce a posse sobre uma determinada área, no direito pessoal dito direito nasce de um contrato que pode ter como objeto imediato essa mesma área. Aqui, se for o caso da compra e venda, a obrigação do vendedor em transferir a propriedade ao comprador e a obrigação deste, por outro lado, residiria no fato de ter que pagar o preço avençado.

Nestas diferenças, para os direitos reais os romanos regularam a *actio in rem* (ações reais) e para os pessoais, a *actio in persona*. Essas ações, eram medidas judiciais adequadas à transgressão, fosse dos direitos reais - no primeiro caso -, fosse dos direitos pessoais - no segundo caso.

6.1. Conceito da obrigação

A obrigação romana se concebia como uma relação pessoal estabelecida entre dois ou mais sujeitos (credores e os devedores), da qual derivava um vínculo expressado na faculdade do credor sobre o devedor: *obligatio est iuris vinculum quo necessitate adstringimur alicuius solvendae rei secundum nostrae civitatis iura* (I., 3, 13, *de obligationibus, pr.*)

Assim, a obrigação era, pois, um vínculo jurídico pelo qual se forçava a uma pessoa a pagar alguma coisa, de acordo com as normas do Estado[63].

No direito romano, a substância das obrigações sempre consistiu, não em que se faça nossa uma coisa corporal ou uma servidão, mas em que se force a outro a dar-nos, fazer-nos o prestar-nos algo, e assim se expressava: *obligationum substantia non in eo consisti, ut aliquod corpus nostrum aut servitutem nostram faciat, sed ut alium nobis obstingar ad dandum aliguid vel faciendum vel praestandum*" (Digesto, 44.7, de oblig. Et act., 3, pr. Paulo)

No direito primitivo romano, não se exigiu o vínculo pessoal na obrigação que o direito posterior reconheceu com toda força nas prestações, pois para o credor era indiferente receber o pagamento de uma pessoa ou de outra. Portanto, se aceitou o contrato em prol de terceiro, a cessão de crédito, a aceitação de pagamento por outra pessoa, bem como o credor e devedor indeterminado, etc.

63 RAMOS Arias, J. Op., cit., p 119.

Dentro de tantas ponderações, se considerava que o significado da obrigação possuía diferentes acepções, que a situava como uma relação entre os bens, os serviços (benefícios) e as pessoas; como uma relação jurídica especial que apontava o dever de executar ou não uma ação, como um dever jurídico de fazer ou omitir o que se exige que se faça ou omita, como a afetação de bens ou valores mediante determinadas responsabilidades, ou como a relação jurídica que determina o direito sobre um crédito, tudo o que eleva a obrigação a uma categoria jurídica que explicava os direitos dos credores frente aos devedores; igualmente, por equívoco, se chegou a considerar a obrigação como um documento (expressão vulgar).

Com base nestas acepções, muitos autores formularam conceitos embasados e apoiados no significado sócio/econômico e jurídico desse termo, ainda que como já conhecemos, seu significado etimológico assinala sua composição: (*ob* e *ligatio*). O primeiro significando: diante, por causa de, ao redor; e o segundo, significando: atar, ligar, amarrar. Em geral, obrigar, sempre significou atar, ligar ou amarrar uma pessoa a outra.

Porém, nasceram critérios que reduziram o vocábulo obrigação a um dever socialmente estabelecido pelos homens e por esta razão se diz que as obrigações são deveres, mas que nem todos os deveres são obrigações jurídicas e, não devem confundir-se as obrigações sociais, morais e religiosas, com as jurídicas.

Na ciência moderna, "a obrigação constitui um dever jurídico, mas não é o único tipo de dever jurídico, existindo outros que na linguagem comum e legal também recebem o nome de obrigações. Para a mais exata aplicação das normas e princípios relativos ao assunto, se faz necessário separar alguns deveres de outros, diferenciar a obrigação no significado técnico-jurídico exato dos outros deveres e obrigações, e ao mesmo tempo, distinguir os deveres que estão fora da esfera jurídica"[64].

Diversos autores, apoiado na concepção romana, destacaram a essencial necessidade de salientar o laço entre certas pessoas. Em virtude destas concepções, nasceram definições com as quais se concebeu a obrigação como:

a) relação de patrimônio com a força da qual uma pessoa (chamada devedor), é vinculada a uma prestação (de natureza positiva ou negativa) em face de outra pessoa, (chamada credor);

b) vínculo jurídico entre duas ou mais pessoas, determinadas, em virtude do qual um ou mais devedores são tidos como obrigados em face de um credor ou credores, a fazer ou não fazer alguma coisa.

Já no direito moderno, se regulou e definiu as obrigações, partindo do conteúdo da própria prestação e não como uma relação jurídica. Daniel Peral, saudoso civilista cubano, criticou esta formulação, e fazendo referência a isto, mostrou que se havia confundido a obrigação com o conteúdo da prestação (dar, fazer, ou não fazer alguma coisa ou emprestar algum serviço)[65].

Savigny, no princípio do século passado, contrastando o Direito Real com o Direito das Obrigações obtemperou que a obrigação era o domínio ou senhorio sobre um ato do devedor, domínio não sobre a totalidade da pessoa desse devedor - que seria a escravidão, condenada no mundo moderno -, senão sobre uma fração dela. Desta forma, a liberdade do devedor era mantida, pois, não se a suprimia inteiramente, somente restringindo-se-a a um ato determinado.

---

64 DÍAZ Pairó, Antonio. *Teoría General de las Obligaciones*. La Habana: MES, vol 1, 1960, p 34.

65 PERAL Collado, Daniel. *Obligaciones y Contratos Civiles*. La Habana: MES, 1980, p 133.

Este critério teve grande aceitação durante muito tempo até que, ao alcançar a técnica jurídica um extraordinário desenvolvimento, na segunda metade do século XIX, foram submetidos a crítica minuciosa todos os conceitos fundamentais do Direito, entre eles o da obrigação, abrindo-se desde então uma polêmica sobre o verdadeiro conceito, natureza ou estrutura do direito de crédito ou obrigação que não pode dar-se por terminada. Discussão tão ardente e de resultados tão incertos, que um autor propôs encerrá-la, já que não se havia chegado a nenhuma conclusão[66].

Para a maioria dos autores modernos, a obrigação se constitui em virtude de uma relação jurídica e em virtude de certos fatos, pelos quais um credor podia exigir do devedor uma determinada prestação. A obrigação é, pois, a relação jurídica através da qual uma pessoa (devedor) era compelida em favor de outra (credor), a uma prestação positiva ou negativa.

Associada aos direitos pessoais, as obrigações em Roma, foram objeto de muita pesquisa e normatização. Assim, o Jurisconsulto Florentino, nas *Institutas* do *Corpus Iuris Civiles*, conceituou-as da seguinte forma: *Obligatio est iuris vinculum quo necessitate adstringimur alicuius solvente rei secundum nostrae civitatis iura* (I., 3, 13, *de obligationibus*, pr.) [A obrigação é um vínculo jurídico pelo qual estamos obrigados a pagar alguma coisa, segundo o direito de nossa cidade].

Já despontava, desde logo, a estrutura teórica da obrigação, com seus elementos indissociáveis: Sujeito ativo (credor) + Sujeito passivo (devedor) + Prestação (débito), deste para com aquele, ligados através de um vínculo jurídico.

Observe-se a conceituação de Thomas Marky: "liame jurídico entre o credor e o devedor, pelo qual o primeiro tem direito a exigir determinada prestação do segundo, que por sua vez deve efetuá-la"[67].

José Cretella Júnior[68], procura defini-la assim: "a obrigação é uma relação de compromisso entre duas pessoas ou dois grupos de pessoas, caracterizada por dois elementos: o dever (*devoir*- francês; *schuld* – alemão) e o compromisso (*engagement* – francês; *hajtung* – alemão)". Ou ainda, combinando com Paulo e Justiniano, "A obrigação é o vínculo que liga duas pessoas de tal maneira que uma deva dar, fazer ou prestar algo à outra segundo o direito do país que ambos vivem".

Outros doutrinadores, baseados nas *Institutas*, observaram que no direito romano a obrigação se manifestava da seguinte maneira:

1º) Como um vínculo jurídico entre dois sujeitos de direito: um, sujeito ativo, isto é, o credor (*creditor, reus stipulandi*); outro, o passivo, isto é o devedor (*debitor, reus promettendi*).

2º) Como um nexo que expressava que o devedor é rigorosamente adstrito a realizar a solução de uma determinada coisa ao credor, isto é, a efetivar a prestação (*solutio*).

3º) Como regras jurídicas (*iura nostrae civitatis*) que conferem ao credor os meios para obter do devedor a solução mediante o sistema de ações legais.

Dentro destas noções a conceituação formulada pelos professores argentinos, Alfredo Di Pietro & Angel Enrique Lapieza Elli[69]:

---

66 DÍAZ Pairó, Antonio. Op., cit., p 25.

67 MARKY Thomas. Op. cit, p 107.

68 CRETELLA, Júnior J. Op. cit., p 236.

69 PIETRO, Alfredo di e LAPIEZA, Ángel Enrique. *Manual de Derecho Romano*.4. ed. Buenos Aires: Depalma, 1995, p 254.

> *La obligación (obligatio) es un vínculo jurídico en virtud del cual una persona denominada deudor (debitor) se encuentra constreñida a tener que cumplir una determinada prestación a outra persona denominada acreedor (creditor).*

Veja-se, pois, a diapasão doutrinária, que elenca os três elementos (credor, devedor e débito) e o vínculo que os une, aqui a essência do direito obrigacional, aqui a essência do direito pessoal. O sujeito ativo, à mercê do cumprimento, pelo sujeito passivo, da prestação. E esta prestação, possível, lícita e determinada, por sua vez, subdividida em três:

a) *dare*;

b) *facere* (*non facere*);

c) *praestare*.

Dare, significa obrigação de dar, no sentido de transferir a propriedade de algo a alguém. Ex.: a obrigação emanada de uma compra e venda, do vendedor em dar o escravo ao comprador.

Facere, vem no sentido de executar um ato. Ex.: o pintor obrigado a pintar a parede, quando contratado para tal. Nesta espécie de obrigação estaria embutida aquela denominada *non facere*, ou seja, ao contrário da outra, o dever de abstinência de um determinado ato. Ex.: o sujeito que promove festa em sua casa todas as noites, está obrigado a abster-se de tal prática.

Praestare, aparece em Roma, como aquela obrigação em entregar a coisa, sem necessariamente transferir a propriedade ou mesmo em efetuar o pagamento pecuniário. Ex.: o credor pignoratício tem o dever de entregar a coisa em penhora quando paga a dívida, e o devedor, neste caso, o dever de pagar esta dívida. *Praestare*, pois, nos dois casos.

6.2. Elementos constitutivos, essência e conteúdo das obrigações

Como toda relação jurídica, a obrigação apresenta elementos constitutivos: sujeitos, objeto (ou prestação) e vínculo jurídico (causa).

Assim, os elementos da obrigação estão identificados em qualquer relação jurídica civil onde se apresentem os sujeitos, o conteúdo e o objeto da mesma, fazendo-se coincidir os sujeitos como os participantes em dita relação (credor e devedor), o conteúdo com os direitos subjetivos, as obrigações das partes, o objeto com as ações e com a circulação de bens, ou com a abstenção de ação.

Os romanos se dedicaram a resolver os problemas teóricos do direito, e lograram definir a essência de muitas das instituições jurídicas. Para o caso das obrigações, já explicamos acima, tinha-se considerado nas *Institutas* que a obrigação era certamente um vínculo jurídico.

6.3. A modificação das obrigações

No direito romano, conforme já ponderado acima, no capítulo concernente aos elementos acidentais dos atos jurídicos (*acidentalia negotii*), verificaremos que, em virtude disso, as obrigações poderiam ser objeto de modificações, submetendo-se:

a) ao termo (ou prazo);

b) à condição;

c) ao modo (ou encargo).

Portanto, observe-se alguns textos extraídos do *Copus iuris civiles*, nesse particular, dando conta de como era entendido e valorizado o conteúdo de cada elemento acidental:

1º) *Actus legitimi, qui non recipiunt diem vel condicionem, veluti emancipatio, acceptilatio, hereditatis aditio, servi optio, datio tutoris, in totum vitiantur per temporis vel condicionis adiectionem* (D., 50, 17, *de diversis reg. Iuris,* 77 Papiniano) [Os atos legítimos que não aceitavam termo ou condição, como a *mancipatio*, a *acceptilatio*, a adição à herança, a adoção de escravos ou a *datio tutoris*, se modificavam pela adição de um termo ou condição];

2º) *Item si quis sub ea condicione stipuletur quae existere non potest, veluti si digito caelum tetigerit, inutilis est stipulatio* (*Gaio*, 3, 98). [De se estipular uma condição que não podia-se exigir, por exemplo: "se toca-se o céu com o dedo", a estipulação era considerada inútil. Também o legado deixado com condição impossível, era considerado como se não existisse condição];

3º) *Optinuit impossibiles condiciones testamento adscriptas pro nullis habendas* (D., 35, 1, *de condicionibus et demonstr.*, 3 Ulpiano). [As condições impossíveis adstritas a um testamento se tinham por nulas];

4º) *Condiciones contra leges et decreta principium vel bonos mores adscriptae nullius sunt momenti; veluti: "si uxorem non duxeris, si filios non susceperis, si homicidium feceris, si larvali habitu processeris" et his similia* (Paulo, Sent., 3, 4 B, 2). [As condições postas contra as leis e os decretos dos príncipes ou os bons costumes eram nulas, como por exemplo: se não te casas, se não aceitas os filhos, se cometes homicídio, 'se apareces como figura de fantasma];

5º) *Quod in diem debetur, non compensabitur, antequam dies venit, quamquam dari oporteat* (D., 16, 2, *de compensationibus*, 7, pr. Ulpiano). [O que se deva a termo, ainda que tenha que dar-se, não se compensava antes do vencimento do mesmo];

6º) *In diem debitor adeo debitor est, ut ante diem solutum repetere non possit* (D., 12, 6, *de condictione indebiti*, 10 Paulo). [O devedor a termo era devedor, e por isso não poderia ver devolvido aquilo que fora pago antes do termo];

7º) *Circa diem duplex inspectio est: nam vel ex die incipit obligatio aut convertur in diem* (D., 44, 7, *de obligationibus et act.*, 44, 1 Paulo). [Quanto ao termo, a obrigação começava a partir de um dia, ou chegava até um dia, o que depois se conheceu como, termo suspensivo (inicial) e resolutivo (final)];

8º) *Si praediorum proprietatem dono dedisti, ita ut post mortem eius, qui accepit, ad te rediret, donatio valet, quum etiam ad tempus certum vel incertum ea fieri potest, lege scilicet, quae ei imposita est, conservanda* (C., 8, 55, *de revocandis donationibus*, 2 Diocleciano). [Dando-se em doação a propriedade de prédios, de tal forma que, se depois da morte de quem recebesse, voltassem tais bens ao doador, a doação era válida, pois por tempo certo ou incerto podia-se isso fazer, ainda que se devesse observar tal cláusula imposta];

9º) *Legem quam rebus tuis donando dixisti, sive stipulatione tibi prospexisti, ex stipulatu* (C., 8, 53, 54, *de donationibus*, 9, Diocleciano e Maximiano). [Se para a doação de bens, fizeste constar cláusula com encargo (ou estipulação), deves demandá-la ao Presidente da Província ou endereçá-la ao Pretor, através da preascriptis verbi, a fim de que determine ele o seu cumprimento];

10º) *Quotiens donatio ita conficitur, ut post tempus id, quod donatum est, alii restituatur, veteris iuris auctoritate rescriptum est, si is, in quem liberalitatis compendium conferebatur, stipulatus non sit, placiti fide non impleta, ei, qui liberalitatis auctor fuit, vel heredibus eius, condicticiae actionis persecutionem competere* (C., 8, 54, 55, *de dont. quae sub modo v. cond.*, 3, Diocleciano e Maximiano). [Se, nesse caso, o donatário, incumbido do encargo, não o cumprisse, competia ao doador, ou a seus herdeiros, a demanda, através da actio conditio (...)].

6.4. Classificação das obrigações

O gênio romano foi capaz de criar e desenvolver a importante teoria das obrigações, que por muito tempo teve uma influência estável e permanente nas legislações que, posteriormente, foram adotadas por diferentes nações, como por exemplo a Alemanha que usou sua técnica até 1.900, oportunidade em que entrou em vigor o Código Civil Alemão atual.

As construções que os romanos fizeram das obrigações, dizem Alfredo Di Pietro & Ángel Enrique Lapieza Elli, "representam um dos temas que mais influência vão exercer no direito ocidental posterior"[70].

Os romanos não só se limitaram a definir a obrigação, como também elaboraram uma teoria que posteriormente foi utilizada para o estabelecimento de um critério de classificação.

A expressão romana pela qual: *omnium autem obligationum summa divisio in duo genera diducitur: namque aut civiles sunt aut praetoriae. Civiles sunt, quae legibus constitutae aut certe iure civili comprobatae sunt. Praetoriae sunt, quas praetor ex sua iurisdictione, constituit, quae etiam honorariae vocantur* (I., 3, 13, 1), resumia que a principal classificação das obrigações se reduzia a dois tipos:

a) *civis*: se constituíam por lei e era reconhecidas pelo *ius civile.*

b) *pretorianas*: as que estabelecia o pretor segundo sua jurisprudência (chamadas também de honorárias)

Muitos autores afirmam que, a partir da Idade Média, foi classificada a obrigação de acordo com seus elementos, o vínculo, os sujeitos e o objeto, distinguindo-se assim as obrigações das seguintes formas:

- *Pelo vínculo*: obrigações civis, naturais, honorárias, de direito estrito, de boa fé.

- *Pelos sujeitos*: obrigações fracionárias, cumulativas, solidárias, ambulatórias.

- *Pelo objeto*: genéricas, específicas, alternativas e facultativas.

De maneira geral se conheceram as obrigações:

1. *Naturais*: foram classificadas como aquelas que geralmente careciam de *actio*, entretanto eram opostas às civis.

Os romanos criaram uma categoria intermediária com a qual se distinguiam as verdadeiras obrigações jurídicas, para separá-las das não-jurídicas. Eles se referiam às obrigações naturais, para as quais não se reconhecia o caráter jurídico por terem uma eficácia menor do que as chamadas obrigações civis, pois não havia ação para elas.

As obrigações naturais foram se contrapondo às civis, pois, pela falta de um dos elementos mais importantes na relação obrigacional: "a ação". Às obrigações meramente morais ou de consciência, se dava também este efeito, mas faltava a idéia do vínculo jurídico, reconhecendo-se apenas o sentimento moral, religioso ou social que forçavam a satisfação das mesmas, e uma vez satisfeitas, não podia ser repetido seu cumprimento[71].

Os casos mais claros de obrigações naturais no direito romano foram:

70 PIETRO, Alfredo di e LAPIEZA, Ángel Enrique. Op. cit., p 253.

71 RUGGIERO, R. *Instituciones del Derecho Civil.* [s.e.] Madrid 1929, p 19.

a) obrigações assumidas pelos escravos com um estranho, ou com outro escravo, caso em que a ação era negada pela incapacidade do escravo: *Servi ex delictis quidem obligantur et, si manumittantur, obligati remanent: ex contractibus autem civiliter quidem non obligantur, sed naturaliter et obligantur et obligant. Denique si servo, Qui mihi mutuam pecuniam dederat, manumisso solvam, liberor* (D., 44, 7, *de obligationibus et act.*, 14, Ulpiano);

b) obrigações assumidas pelas pessoas com *capiti minutis*: *hi qui capite minuuntur ex his causis, quae capitis deminutionem praecesserunt, manent obligati naturaliter...* (D., 4, 5, *de capiti minutis*, Ulpiano);

c) obrigações assumidas pelas pessoas com dependentes do pátrio poder, ou seja, pelos "*alieni juris*" (D., 4, 5, *de capiti minutis*, Ulpiano, 1, Neracio, 41, Pulo 13, 1);

d) obrigações extintas pela prescrição (Africano 38), etc.

Não só se consideravam naturais as obrigações se por razão da mesma compete alguma ação, mas também quando o dinheiro pago não se podia repetir.

Os escravos se obrigavam pelos delitos. Sendo obrigado de forma natural e não civil pelos contratos.

Os que eram objeto da *capitis deminutio* continuavam obrigados naturalmente (com obrigação natural) por aquelas causas que precederam a sua *capitis deminutio*.

2. *Civis*: tinham como fonte o direito civil (*jus civile*) e era acompanhada da (*actio civile*).

3. *Fracionárias*: se definiam a partir da presença de vários sujeitos em um ou ambos os lados da relação jurídica obrigacional e por esta, podiam os devedores cumprir por partes a obrigação e os credores exigir também por parte o cumprimento.

4. *Cumulativas*: se referiam à existência também da pluripersonalidade dos sujeitos e na multiplicação das dívidas, devendo receber cada credor a totalidade da prestação.

5. *Solidárias*: foram aquelas que não admitiam a divisão real ou ideal das partes na prestação. Nasce das obrigações de pluripersonalidade.

A solidaridade na obrigação elimina toda possibilidade de divisão da prestação, isto é, nenhum credor poderá exigir de forma independente (por separado) o cumprimento da prestação como que, nenhum devedor terá direito a exigir que se receba parte separada ou independentemente dos demais devedores. Então a solidaridade recai nos vários credores ou nos vários devedores.

Sobre elas se estabeleceram as seguintes regras, extraídas do *Corpus Iuris Cviles*:

1ª) "Enquanto um dos credores solidários (*rei stipulandi*) exercita a ação, nada faz o devedor promitente oferecendo ao outro".

2ª) "Enquanto aos devedores solidários (*rei promittendi*), não conhecendo que pela eleição de um devedor se prejudique ao credor em relação com o outro devedor, mas que também se conservem íntegras por dito credor as ações, tanto pessoais como hipotecárias, até que não seja satisfeito na sua totalidade".

6. *Ambulatórias*: se definiram como aquelas obrigações que possuíam os sujeitos ativos ou passivos indeterminados, no momento da constituição da relação jurídica.

7. *Genéricas*: referiam-se à possibilidade de repetir o cumprimento com bens que se incluíam dentro do mesmo gênero.

8. *Específicas*: se devia cumprir com o mesmo objeto determinado na relação jurídica e não outro.

9. *Divisíveis* e *indivisíveis*: tinham como base o objeto da prestação sobre o qual recaía a possibilidade de divisão ou de não divisão no momento da execução da prestação, pois se afetava sua natureza.

10. *Alternativas*: foram aquelas mediante as quais, se dava a possibilidade de cumprir e extinguir a obrigação elegendo um objeto entre vários.

11. *Facultativa*: referiam-se a possibilidade de eleição recaía como faculdade do devedor. As duas últimas classificações tinham como base as obrigações únicas ou simples.

12. *Impossíveis*: que foram consideradas nulas.

13. *Literais*: surgia, por exemplo, das anotações dos créditos que se transferiam. A obrigação literal surgia também dos chirographa e *syngrapha*, isto é, quando alguém subscrevia que devia ou que teria que dar.

6.5. O cumprimento das obrigações

Geralmente, nos códigos civis, em matéria de cumprimento das obrigações, dessarte, se verificam as formas "comum" e "especiais".

Igualmente, sendo a extinção das obrigações uns dos efeitos naturais das mesmas (pois, assim como nascem, também se extinguem), como se explicará mais adiante, são também reguladas as formas gerais e especiais de extinção das obrigações.

Na ciência moderna, o cumprimento das obrigações pode ser analisado de acordo com os seguintes elementos:

a) sujeitos;

b) objeto;

c) tempo;

d) lugar.

Segundo os sujeitos, deve pagar o devedor frente ao credor, podendo pagar por este (devedor) outra terceira pessoa (co-devedor, fiador, herdeiro), sempre que as obrigações não sejam pessoais ou personalíssimas.

No direito romano, os devedores que, por motivos econômicos, deviam uma coisa concreta, ficavam liberados quando tal coisa concreta tivesse passado por motivo econômico, aos credores, como se confirma na seguinte regra: *omnes debitores, qui speciem ex causa lucrativa debent, liberantur, cum ea species ex causa lucrativa ad creditores pervenisset* (Digesto, 44, 7, *de oblig. et act.*, 17 Juliano).

Também, pagando alguém por outrem, ainda contra sua vontade, ignorando-o, lhe liberava; ao contrário, o que se deve a alguém, não pode ser exigido por outro legalmente sem a vontade daquele, pois as razões naturais e civis aconselham que podemos fazer melhor a condição alheia, ainda ignorando-o (o interessado) e contra sua vontade. Por exemplo: "se alguém houvesse pago por mim a meu credor, ainda que eu o ignorasse, se admitia a meu favor a *actio pignoraticia* (pessoal)".

Pelo objeto, as obrigações se cumprem segundo seja de dar, de fazer, ou de não fazer; dando, fazendo ou não fazendo. Quanto ao objeto, considerarava-se como impossível aquele cumprimento quando o objeto era ilícito.

Segundo o tempo, no direito romano, quando as obrigações não assinalavam tempo, se devia o dinheiro no dia presente, a não ser que para chegar ao lugar indicado para o pagamento, se precisasse de um lapso de tempo para poder chegar a ele. Indicado o prazo faz que não se deva o dinheiro no dia presente. Disso resulta que a adição de um termo era a favor do devedor e não a favor do estipulante.

Existe diferença entre o dia certo e o dia incerto. O prometido para o dia certo se podia dar imediatamente; pois ao promitente se lhe deixava todo o tempo intermedio livre para pagar; e quem prometeu "se se houvesse feito algo" ou para "quando se houvesse feito algo" (D., 44, 7, *de obligationibus et act.*, 44, 1, Paulo)

Quanto ao lugar do pagamento, se regulava no direito romano, que quem prometia dar em um certo lugar, não podia pagar, contra a vontade de quem estipulou, em outro lugar.

Como herança do direito romano, nas diferentes legislações posteriores e modernas se adotaram diversos critérios com os quais se regulamentou e se regulamenta o cumprimento das obrigações.

Quando um devedor de várias obrigações pagava uma só divida, estava no arbítrio do pagador dizer que divida estava querendo pagar com preferência; e a que dissesse, seria considerada paga; pois se lhe podia assinalar alguma condição ao que se pagava. Sendo que, se não se dizia que coisa se estava pagando, ficava ao arbítrio de quem recebia, determinar a preferência no pagamento (D., 46, 3, de solut. et leberat.,1, Umpiano).

O principio geral, "no tocante ao adimplemento das obrigações, é o de que o credor de coisa certa não pode ser obrigado a receber outra, ainda que mais valiosa É a consagração do clássico princípio romano: *aliud pro alio invito creditore solvi non potest*, de onde resulta só se tornar possível a realização da prestação *aliud por alio*, em havendo consentimento do credor. Tal é o caso da dação em pagamento, que se dá quando o credor consente em receber coisa que não seja dinheiro, em substituição da prestação que lhe era devida"[72].

Noutra ordem, a sub-rogação nasceu da instituição romana do "*beneficium cedendarus actionum*", tendo alguma semelhança com a cessão de crédito, embora não sejam idênticas.

Os pagamentos realizados por terceiras pessoas em lugar dos devedores, constituem um modo especial de cumprimento da obrigação. Este se produz pela sub-rogação de terceiro que paga no lugar do devedor, pelo que somente é uma forma de pagamento em relação ao credor primitivo, já que a terceira pessoa extingue a dívida entre o devedor e referido credor primitivo, produzindo-se as seguintes situações:

a) a terceira pessoa que paga, se situa no lugar do devedor, afastando-o da relação jurídica obrigacional;

b) uma vez extinta a dívida frente ao credor primitivo, o terceiro se situa em seu lugar para exigir o reembolso;

c) extingue-se a dívida originária, subsistindo (se é oneroso o pagamento) a obrigação para o devedor, mas agora a frente da pessoa que cumpriu em seu lugar, convertendo-se este em credor principal.

A sub-rogação pode ser convencional ou legal e pode extinguir a obrigação em forma total ou parcial, segundo seja o compromisso de pagamento, já que os terceiros podem comprometer-se a menos, mas não a mais, no cumprimento das obrigações dos devedores.

72 SERPA Lopes, Miguel Maria de. Op. cit., p 227.

6.6. Inadimplemento das obrigações

O inadimplemento nem sempre se produz em razão de idênticas causas. Estas podem referir-se à vontade do devedor ou aos fatos involuntários que originam o mesmo. Para assinalar os efeitos, que produzem o inadimplemento, é necessário analisar as diferentes circunstâncias em que ele pode se dar.

O inadimplemento é voluntário quando tem como causa a vontade do devedor, quer dizer, quando este, voluntariamente, não deseja cumprir a obrigação, mesmo conhecendo as conseqüências desse inadimplemento e, dentro do mesmo tem reconhecido pela doutrina como suas causas: o dolo, a culpa e a mora.

Por outro lado, o inadimplemento é involuntário quando escapa da vontade do devedor e se produz por fatos imprevisíveis e inevitáveis, onde o devedor não pode cumprir, ainda que assim o deseje. As causas deste inadimplemeto se explicam através: do caso fortuito e da força maior.

6.6.1. Mora, culpa e dolo

Assunto importante no tema das obrigações é a mora. Estava em mora o credor que se recusasse a receber a prestação (*mora creditoris*). Estava em mora o devedor que se recusasse a cumprir a obrigação (*mora debitoris*). Exemplo da primeira, era aquele credor da compra e venda que se recusasse a receber a coisa adquirida. Exemplo da segunda, o devedor que se recusasse a entregar esta mesma coisa. Em ambos casos, era prevista em Roma, a possibilidade da purgação da mora (*purgatio morae*), ou seja, a possibilidade de cumprimento da obrigação (o recebimento dela) em atraso, com as devidas perdas e danos, sob a interveniência do pretor. Isto é expresso em outra famosa definição dos textos romanos: *Mora fieri intelligitur non ex re, sed ex persona, id est, si interpellatus oportuno loco non solverit...* (D., 22, 1, de *usuris et fructibus*, 32, pr. Marciano)

A *mora* gera um inadimplemento provocado em razão do transcurso do tempo. Tecnicamente, significa a demora, a tardança no cumprimento de uma obrigação, a qual é imputada ao devedor se não se provar o contrário. "É o retardamento na execução da obrigação. Imputável tanto ao devedor como ao credor, denomina-se *debitoris vel solvendi*, no primero caso, e *creditoris vel accipiendi*, no segundo"[73].

Com esta causa de inadimplemento, a prestação pode ser possível e o que acontece é que o cumprimento está afetado por uma demora ocorrida voluntariamante.

Entretanto, para que exista a mora, deve estar presente um atraso culposo no cumprimento da obrigação, quer dizer, deixar transcorrer o tempo estipulado para tal cumprimento.

Costuma-se falar da mora para os devedores e para os credores e, por esta razão, muitos doutrinadores as separam em classes de mora. Assim, se pode distinguir a mora imputável ao devedor (*mora solvendi ou debendi*) e a mora imputável para o credor (*mora accipiendi ou credendi*).

A certeza a que nos referimos, se relaciona com as dívidas que assinalam um cumprimento específico e bem determinado. Por outro lado, será exigível a obrigação sempre que a mesma dependa de uma condição ou de um termo vencido (nas obrigações recíprocas e puras aparece a mora desde que uma das partes a cumpra). São líquidas aquelas que são certas em sua quantidade, estando bem determinadas.

---

73 BARROS Monteiro, Washington de. *Curso de Direito Civil. Direito das Obrigações*. 26. ed. São Paulo: Saraiva, 1993, p 261.

A exigência dos credores pode ser formulada judicial ou extrajudicialmente, mas as partes podem pactuar essa pretensão. No caso em que se estipule um prévio aviso ou comunicação ao credor para o cumprimento, não existe a mora se não for cumprida tal formalidade.

A mora, segundo seus requisitos, classifica-se em: "*mora ex persona y mora ex re*". A primeira refere-se à exigência formulada pelo credor para que surja a mora do devedor e, a segunda, quando se produz de pleno direito, sem necessidade dessa formalidade (esta tem um caráter excepcional).

A *culpa* provém de um ato involuntário que não chega a ser intencional, do qual se derivam perda e danos, possuindo como essência, o não previsão ou evitar estes efeitos.

A culpa foi tida como a infração legal que provoca lesão no direito alheio. Esta expressão tende a confundir a culpa com o dolo, mas entre outros elementos, esta se diferencia do dolo pela falta de diligência, pela imprudência e pela negligência que produz um dano a outra pessoa.

Com a culpa, o devedor descumpre a obrigação de uma maneira inconsciente, já que o inadimplemento não nasce de sua vontade absoluta. Sem embargo, a diligência pode estar evidenciada em diferentes graus, pelo que a teoria romana se dedicou a classificar a culpa em: "*culpa lata", "leve", "levíssima", "in abstracto" ou "in concreto*".

A culpa lata assinalava o inadimplemento pela negligência máxima, por não prever-se o que naturalmente se poderia prever. Assim, confunde-se ou equipara esta culpa com o dolo. Ainda que este último se refira à consciência ou intenção de descumprir, na culpa só aparece um descuido ou negligência. A visão de suas diferenças é totalmente subjetiva, pois, resulta difícil provar quando estamos em presença da culpa ou do dolo.

A culpa leve partia da negligência ocorrida no cumprimento da obrigação de uma pessoa que normalmente era diligente em seus atos, e na levíssima se partia da condição de uma pessoa extremamente cuidadosa e diligente em seus assuntos.

A culpa *"in concreto"* assinalava que se descumpria uma obrigação por não ser tão diligente o devedor como em seus próprios assuntos e bens. E na culpa *"in abstracto"*, se desenhava um tipo de pessoa para estabelecer a diligência.

Esses graus de culpa não têm a menor importância em qualquer sistema moderno de Direito, mas o sentido desta classificação teve uma ampla repercussão nos sistemas de direitos anteriores, de maneira que afigura-se importante diferenciar-se a culpa do dolo, partindo-se da essência de ambos.

A inexistência da culpa deve ser provada pelo devedor, já que se presume todo inadimplemento por causa da negligência e da vontade.

O *dolo* refere-se à ação ou a omissão voluntária e consciente dirigida a produzir um resultado antijurídico. As normas romanas estabeleciam que: *illud non probabis, dolum non esse praetandum si convenerit: nam haec conventio contra bonam fidem contraque bonos mores est et ideo nec sequenda est* (D., 16, 3, *depositi vel contra*, 1, 7, Ulpiano)

Para explicar o dolo não se faz classificação, pois, só é possível provar se existe intenção ou não de descumprir a obrigação.

Alguns doutrinadores, não evidenciaram em suas obras que o dolo requer uma intenção de prejudicar o credor e ao explicarem essa situação contradizem a expressão de que o mesmo se produz quando se descumpre a obrigação de forma consciente e voluntária, mas na essência, a conduta dolosa carrega consigo a intenção e propósito de causar prejuízo ao credor.

6.6.2. Inadimplemento involuntário das obrigações

a) Caso fortuito;

b) Força maior.

Existem formas de inadimplemento que não guardam relação com a vontade do devedor, e por isso se denominam formas involuntárias de inadimplemento. Estas circunstâncias ou fatos não são imputáveis aos devedores por serem imprevisíveis ou inevitáveis. Portanto, estas causas só limitam a responsabilidade dos devedores sempre que sejam justificadas ou provadas (D., 17, 2, pro socio, 52, 3 Ulpiano).

O *caso fortuito* como causa do inadimplemneto involuntário, está associado a fatos imprevisíveis e inevitáveis que, ao ocorrerem, afetam o cumprimento das obrigações.

"O fortuito deriva de *fora*, e mais diretamente de *fortuna*, entendida, porém, esta, no sentido de *desgraça* ou de *triste acontecimento*, já que o *"casus fortuitus"* juridicamente não se reputa mais um acontecimento bom e feliz, atento a que dele decorre um dano, razão pela qual o *"casus fortuitus"* é chamado no direito romano de *periculu*"[74].

Por alguma razão, se exclui do caso fortuito toda a culpa, pois, a origem do acontecimento não pode imputar-se ao devedor, por isso se refere a fatos naturais ou involuntários, como por exemplo: as cargas elétricas naturais, inundação, chuvas intensas, movimentos telúricos etc., tudo o que mostra o caso fortuito começando onde termina a culpa.

Para a origem do inadimplemento pode assinalar-se o caso fortuito do tipo jurídico ou de tipo material. O primeiro se refere à impossibilidade do cumprimento nascido ou da prescrição legislativa e proibições legais que surgem e impedem o cumprimento de uma obrigação e o segundo, quando o fato ou evento depende de terceiras pessoas ou de um acontecimento natural.

A classificação do caso fortuito material compreende e inclui a força maior e, em diversas legislações, encontramos estas denominações referindo-se aos mesmos fatos. Sem embargo, é importante diferenciar o caso fortuito da força maior, a partir de sua origem.

Na *força maior* o inadimplemento é gerado por fatos que nascem da vontade de terceiras pessoas. Estes fatos também se apresentam como imprevisíveis e inevitáveis.

Para que exista a força maior, é necessário que ocorra um fato ou uma atividade que, nascida de terceiras pessoas, seja por violência insuperável ou considerada objetivamente, como nascente de influência social, como por exemplo: o assalto a mão armada, o seqüestro, etc.

A distinção entre o caso fortuito e força maior - afirma Serpa Lopes - "não preocupou os grandes comentadores do Código de Napolão. Aquelas duas modalidades eram por eles consideradas como termos sinônimos, com igual valor de exoneração de responsabilidade, traduzindo todos dois um acontecimento que ultrapassa a vontade do devedor, constituindo um obstáculo intransponível à execução da obrigação"[75].

No direito romano se conhecia do termo "caso fortuito" e se estabeleceram regras para regulamentar a gestão de negócios de um ausente, pelas quais, ignorando o terceiro ausente, o gestor respondia pela culpa e pelo dolo, mas às vezes, devia responder também no caso

74 SERPA Lopes, Miguel María de. Op. cit., p 373.

75 Ibib., p 376.

fortuito, por exemplo, quando se empreendia em seu nome um novo negócio que não costumava fazer o ausente, como comprando escravos inexpertos. Se desses negócios resultavam perdas, seriam de conta do gestor. Tome-se como referência o seguinte texto latino: *si negotia absentis et ignorantis geras, et culpam et dolum praestare debes. Sed Proculus interdum etiam casum praestare debere, veluti si novum negotium, quod non sit solitus absens facere, tu nomine eius geras: veluti venales novicios coemendo vel aliquam negotiationem ineundo. Nam si quid dammnum ex ea re secutum fuerit, te sequetur, lucrum vero absentem: quod si in quibusdam lucrum factum fuerit, in quibusdam damnum, absens pensare lucrum cum damno debet* (D., 10, 11, Pomponio)

6.7. Garantias do cumprimento das obrigações

No direito romano se conhecia das seguintes garantias:

- Arras;
- Cláusula penal;
- Juramento;
- Fiança;
- Intercessão da mulher.

Arras

Regulou-se que aquilo que freqüentemente era dado em venda por razão de arras, tinha como finalidade que se pudesse provar com evidência, que se combinou o preço: *quod saepe arrae nomine pro emptione datur, non eo pertinet, quasi sine arra conventio nihil proficiat, sed ut evidentius probari possit convenisse de precio* (D., 18, 1, de *contrabenda emptione*, 35, pr. Gaio).

Elas, hoje, são mais conhecidas como sinal. Valem como parte do pagamento do negócio que se solidificado, chamam-na de confirmatória e se desfeito, de penitencial, posto que, se o desistente for o comprador, perde-la-á em favor do vendedor e se for este o desistente, devolvê-la-á em dobro ao comprador.

Cláusula penal

Estabeleceu-se que se estipulasse: "Comparecerás?" Quem violava a lealdade à sua palavra dada em transação lícita, estava obrigado a pagar a pena que tinha prometido o estipulante, permanecendo válido o pacto: *qui fidem licitae transactionibus rupit, non exceptione tantum summovebitur, sed et poenam, quam, si contra placitum fecerit rato manente pacto, stipulanti recte promiserat, praestare cogetur* (D., 2, 15, *de transactionibus*, 16 Hermogeniano).

Juramento

Regulou-se o juramento pessoal do menor de vinte e cinco anos que confirmasse ao comprador de um prédio de que em diante não promovera controversa alguma: *si minor annis viginti quinque emptori praedii cavisti, nullam de cetero te esse controversiam facturum, idque etiam iureiurando<corporaliter praestio> servare confirmasti, neque perfidiae, neque periurii me auctorem tibi futurum sperare debuisti* (C., 2, 27, 28, *si adversus venditionem*, 1 Alejandro).

Fiança

Pelos que prometiam também podiam obrigar-se outros: dos quais a um se lhe chamava *sponsores*, a outros *fidepromissores* e a outros *fideiussores*: *pro eo quoque qui promittit alii abligari; quorum alios sponsores alios fidepromissores, alios fideiusores appellamus* (Gaio, 3, 115 e 116).

Intercessão da mulher

Nos tempos do divino Augusto e do Cláudio, por edicto dos mesmos, estava proibido que as mulheres intercedessem por seus maridos. Depois se estabeleceu o senatos-consulto pelo qual, com grande amplitude, se protegeu a todas as mulheres (D., 16, 1, *ad senat. Consult. Velleianum*, 2, pr. E 1 Ulpiano).

Assim se criaram regras que protegia a mulher, no caso em que consentisse a favor do marido num instrumento de crédito, ou escrevia que pignorava sua própria fazenda ou se obrigava ela mesma (C., 4, 29, *ad s.c. Vell.*, 22, 23. AUTHENTICA, *ut nulli iudicium liceat* [Nov. 134, c. 8]).

Posteriormente, no direito romano também se regularam outras garantias reais (penhor, hipoteca e fidúcia tal como já esclarecemos no capítulo concernente aos *jura in re aliena*, ao qual ora nos reportamos) e pessoais, estas garantias não com bens (como as reais), mas com pessoas, tais como a fiança (*fideiussio*), onde terceiras pessoas que não os contratantes, garantiam pessoalmente as obrigações assumidas pelo devedor.

Havia também a conhecida multa (*stipulatio poenae*), onde a obrigação não satisfeita acarretava a obrigatoriedade de pagamento de uma multa.

6.8. Transmissão das obrigações

A transmissão é um termo que etimologicamente significa (*transmitto*): enviar a outro lado, e representa o ato de transpassar os bens de uma pessoa a outra, como também os direitos.

O termo "*traditio*" foi utilizado no direito de propriedade como um dos modos de adquirir-se e transmitir-se o domínio e a posse, com o qual se produz a alienação dos direitos e naturalmente as obrigações.

Também se utiliza o termo, sucessão, (*sub cedere*), que segundo a doutrina, explica o fato de entrar uma coisa no lugar da outra. Desta forma, foi usado para assinalar a substituição ou sub-rogação, quer dizer, a transmissão de direitos de uma pessoa a outra, ainda que, nem sempre, a sucessão ou a transmissão serão causa de extinção ou aquisição das obrigações entre as pessoas.

Se verifica assim que a transmissão é a derivação de um direito subjetivo de uma pessoa para outra, sendo a transmissibilidade a aptidão de um direito para ser derivado de outro, sem prejuízo de sua essência.

Em outro sentido, a sucessão é a transmissão do direito de uma pessoa para outra: o câmbio meramente subjetivo em uma relação jurídica, portanto, significa que a transmissão é sinônimo de sucessão.

A transmissão das obrigações exige uma troca do sujeito ativo ou do sujeito passivo, permanecendo a relação, ao que se denomina como transmissibilidade ativa (mudança de credor) e passiva (mudança de devedor), tal como aparece na novação, cessão e sub-rogação. Desta forma, tanto a mudança do credor como a mudança do devedor, supõem a sub-rogação em seu lugar e grau, por um terceiro, liberando-se o devedor primitivo e mantendo-se a relação jurídica, agora frente a tal terceiro.

Nem todas as obrigações são transmissíveis, dizíamos, pois, o adimplemento, em certas ocasiões, não pode ser realizado por outra pessoa que não seja o próprio devedor.

As investigações históricas verificam que ao final da República Romana, se havia reconhecido a sucessão dos créditos e, até o fim do século de XIX não se consagrou a sucessão das obrigações. O fato de que não se tenha reconhecido que os créditos e as dívidas não passavam aos herdeiros, impedia a segurança nas relações jurídicas e obstruíam o desenvolvimento da propriedade privada, para que o único limite, segundo os teóricos burgueses, haveria de ser a moral, o costume e as leis, pelo que foi necessário conceber o patrimônio como um conjunto de bens e direitos que puderam passar de um "*de cujus*" aos seus herdeiros.

Diz -se que na sucessão a título singular, a transmissão das obrigações apareceu mais tarde com o posterior desenvolvimento das relações comerciais. Vários doutrinadores aceitaram que no Direito antigo as obrigações não se transmitiam nem *inter vivos* nem *mortis causa*; outros afirmaram que sim. O certo é que no direito romano, apareceram regras que explicaram a intransmissibilidade das obrigações, mas objetivamente viam a necessidade de extinguir tal proibição.

Em épocas bizantinas, mostravam-se os credores se opondo aos funerais de um devedor falecido, apoderando-se do cadáver e privando-o do sepultamento, enquanto não obtivessem o pagamento dos que lhe sobreviviam, ou seja, dos herdeiros.

Mais tarde, quando as relações mercantis tomaram grande auge - por volta do século VI - os negócios formaram parte imprescindível da fortuna dos cidadãos e então o direito deveria ser mais justo com os credores, pelo que foram procuradas fórmulas para assegurar-lhes o pagamento pelos herdeiros, ao falecer o devedor, abrindo-se a sucessão universal *"mortis causa"*, a qual é representativa do direito clássico romano com seu direito hereditário. Assim nasce o princípio de que: "o herdeiro se sub-roga no lugar do antecessor frente a todas suas relações jurídicas com exceção daquelas que se extinguem com a morte".

Com isso se demonstra que a intransmissibilidade *inter vivos* (ativa e passiva), foi, durante muito tempo, um fato entre os romanos, mas suas fórmulas e conceitos se alteraram na medida da expansão e desenvolvimento do império romano.

Do ponto de vista processual também foi regulado o Direito das Sucessões e, ao morrer um indivíduo, seus bens seriam da família, pertencente a ela e às pessoas que a formavam. Este ramo do direito, cuja origem se encontra no Direito Romano, foi, durante a Idade Média, objeto de numerosos estudos e, em torno, dele se produziu uma tal variedade de opiniões e sutilezas, que não faltaram expositores do Direito Civil que consideraram preferível fazê-lo desaparecer por completo dos Códigos, para evitar as questões e litígios que tinham lugar entre os interessados na herança, pela dificuldade de estabelecer-se uma regra clara e precisa que compreenderia todos os casos que se podiam apresentar.

Com a formação sócio-econômica feudal, se transformaram as instituições do direito civil pelo passo da propriedade escravagista e feudal, cambiando também as relações de produção e as classes sociais. O direito agora regulava novas relações sociais, mas a essência do mesmo se mantinha, como também algumas instituições do Direito Civil, como foi o caso do Direito das Sucessões.

Finalmente, ainda que se reconhecendo o direito à herança, podemos afirmar que existe um limite em toda transmissão das obrigações, pois só se transmitem aquelas que não tenham o caráter de personalíssimas (as que se constituem em virtude de um devedor específico ou de créditos intransferíveis aos herdeiros), e tais são os casos das rendas, pensões alimentícias e vitalícias, serviços que foram executados com base em qualidades pessoais do obrigado etc. Também existem direitos pessoais que nascem para uma pessoa e se extinguem com sua morte.

A transmissão das obrigações vinha a ser a substituição dos credores ou dos devedores, sem a alteração da obrigação. Podia ela ser *mortis causa*, onde o falecimento do credor ou do devedor, ocasionava a substituição desses polos ativo e passivo, aos sucessores (herdeiros).

Assim, o débito era transmitido aos herdeiros, como o era o crédito. E podia ela ser, inter vivos, sendo concedidas em Roma, a *delegatio* (também chamada de novação), onde, entre vivos, se transmitia o crédito ou o débito, no segundo caso com a anuência do credor e em qualquer caso, com a extinção de eventuais garantias existentes; a *procuratio in rens*, expediente usado judicialmente, onde o transmitente nomeava procurador a pessoa para quem transmitia o crédito ou o débito, que, diante do pretor agia em nome do outro, mas na prática buscava o cumprimento da obrigação para si.

Aqui era desnecessária a anuência do credor (no caso de transmissão da obrigação) e subsistiam as garantias. Possuía o inconveniente do eventual falecimento do mandante, circunstância que inutilizava a procuração outorgada.

Finalmente conheceu-se o sistema das *actiones utiles*, onde a transmissão da obrigação (ativa ou passiva) se operava com mais liberdade e naturalidade, sendo certo que a obrigação e as garantias são levadas intactas (e sem necessidade de anuência de qualquer das partes originárias) à nova relação subjetiva obrigacional.

Podiam ser feitas a título gratuito ou oneroso. Exemplo, o Senador Alvelinus havia locado seus imóveis a vários cidadãos romanos, funcionários do Senado. Com a viagem de seu filho à Grécia, onde estudaria o estoicismo, através das "*actiones utiles*", cedeu a ele alguns créditos locaticios, que, a partir de então seriam pagos diretamente ao filho cessionário (que sobre a obrigação seria o legítimo sujeito ativo, com todas as garantias contratuais conferidas a seu pai).

6.9. Extinção das obrigações

Estudamos em outros capítulos as chamadas fontes das obrigações, e ao nos referirmos a elas, mencionávamos a Lei e os atos jurídicos como causas fundamentais das obrigações.

Assim, afirmamos que, mediante estas causas (fontes), se constituem, modificam ou extinguem as relações jurídicas e por isso, situam-se os atos jurídicos como causas voluntárias geradoras de direitos e obrigações.

Já se disse que os fatos jurídicos podem ser classificados em função de tais ou quais características próprias. Por depender ou não da vontade dos sujeitos, subdividem-se em ações e circunstâncias. Nas ações manifesta-se a vontade dos sujeitos, de cidadãos e das entidades (pessoas jurídicas). As circunstâncias não dependem da vontade, porquanto a omissão ou abstenção de atuar, são também uma forma de comportamento humano, que a lei faz com que tenha conseqüências jurídicas.

O inadimplemento de um contrato (abstenção de atuar) também é reconhecido como um fato jurídico, cujo efeito, na esfera do Direito, se expressa na obrigação de pagar a pena, multa ou indenização pelas perdas ocasionadas por este inadimplemento.

Enfim, podemos afirmar que o objetivo que perseguem os sujeitos com o estabelecimento de uma obrigação, é o cumprimento, e quando este se produz, o vínculo perde sua razão de ser.

A teoria da extinção das obrigações no direito romano estava sustentada na seguinte regra: *omnia, quae iure contrahuntur, contrario iure pereunt* (D., 50, 17, *de diversis regul.*

iuris, 100 Gaio). [Todas as coisas que se contraem segundo um direito, segundo outro direito inverso perecem].

Os autores qualificaram as causas sob o aspecto externo e formal, com o qual se distinguem as que operam diretamente sobre a existência da obrigação e as que operam de modo imediato. E se diz que uma afeta radicalmente o vínculo, extinguindo-o, e as outras, consistem em exceções que o obrigado pode obter para impugnar o vínculo, permanecendo este subsistente, enquanto não se o impugne.

Tudo o que se disse, se refere à extinção imediata (direta) e a extinção *"ope excepitionis"* ou mediata (indireta). "Assim, como tudo quanto existe no mundo - diz Washington de Barros Monteiro -, as obrigações nascem, vivem e se extinguem. Nascem de uma declaração da vontade ou em virtude de lei. Vivem através das suas várias modalidades, obrigações de dar, de fazer, ou de não fazer alguma coisa, a que se reduzem todas as demais"[76].

A existência da voluntariedade e involuntariedade dos fatos, pelos quais se extinguem as obrigações, nos demonstra que podem criar-se ou extinguir-se as relações jurídicas por meio da vontade, por exemplo: com o pagamento, com a remissão, com a transação e com a compensação, se extinguem as obrigações, mas também existem modos involuntários de extinção, tais como: a confusão, perda da coisa e a morte ou a incapacidade da pessoa natural.

Portanto, existem causas naturais e voluntárias que podem criar, modificar e extinguir as obrigações de um modo parcial ou total.

Inumeráveis são as circunstâncias sociais que afetam a existência das obrigações, e pela importância de tais circunstâncias, a lei necessariamente as regulam, pois objetivamente afetam os direitos de um ou de vários sujeitos nas relações jurídicas. Com esta condição, nos códigos civis se incluem ditas circunstâncias, atribuindo-se-lhes definições e classificações.

Com a extinção das obrigações, se assinala a ruptura do vínculo ou nexo que une as partes que intervêm nas mesmas, mas nem sempre esta ruptura se produz da mesma maneira, já que existem fatos que podem afetar a algumas, mas não a todas as obrigações. Portanto, para o estudo desta teoria, se identificam as denominadas formas comuns de extinção das obrigações, também chamadas modos gerais de extinção, aplicadas a todas as obrigações, pois repercutem nelas de forma tal que anulam sua existência.

O outro grupo de modo de extinção forma os chamados modos especiais de extinção das obrigações. Estes, tal como parece, não são aplicáveis a todas as obrigações, se não a aquelas que reúnem características especiais, que não se repetem nas demais, e são também denominadas condições excepcionais.

Estes grupos ou modos de extinção das obrigações classificam-se em comuns e especiais.

6.9.1. Formas comuns de extinção das obrigações

Ao pesquisar as formas de extinção das obrigações se verifica que a maioria delas foram tomadas do direito romano e aceitas pelos legisladores modernos. Assim se formularam as seguintes classificações:

a) Pagamento;

b) Compensação;

c) Remissão (perdão da dívida);

76 BARROS Monteiro, Washington de. Op. cit., p 247.

d) Confusão;

e) Novação;

f) Transação;

g) Anulabilidade e rescisão;

h) Prescrição extintiva.

Pagamento

No direito romano se estava de acordo que com a palavra *solutio* (pago) se abarcava também toda satisfação das prestações, pois quem pagava cumpria o que prometia: "*solutionis" verbo satisfactionem quoque omnem accipiendam placet. "Solvere" dicimus eum, qui fecit quod facere promisit* (D., 50, 16, de verb. Sign., 176 Ulpiano).

O pagamento, pois, vem a ser a execução voluntária da obrigação ou a entrega da prestação devida (*praestatio vera rei debitae*)[77]. Para isto, "a noção de adimplemento é, a rigor, mais ampla que a de pagamento, já que o adimplemento, em abstrato, se apresenta como a correspondência ou adequação do comportamento humano ao dever imposto por qualquer norma jurídica, com independência que sua natureza responda às características específicas que delimitam o dever de prestação contido em uma obrigação"[78].

O pagamento normal ou adimplemento é uma forma comum de extinção das obrigações, já que mediante ele se podem extinguir todas as obrigações.

No direito romano também se extinguiam as obrigações pela *acceptilatio* que era como um pagamento fictício, por exemplo: o que se devia, procedente de uma obrigação verbal, se se queria perdoar, se podia fazer, permitindo dizer estas palavras: "O que eu te prometi, o tem por recebido?, devendo-se responder: "O tenho". Nesse sentido os romanos diziam: *item per acceptilationem tollitur obligatio. Acceptilatio autem est veluti imaginaria solutio: quod enim ex verborum obligatione tibi debeam, id si velis mihi remittere, poterit sic fieri, ut patiaris haec verba me dicere: QUOD EGO TIBI PROMISI, HABESNE ACCEPTUM? et tu respondeas: HABEO* (Gaio, 3, 169-170).

Se discutia, pois, se se extinguia principalmente a obrigação, ficando liberado *ipso iure* o devedor, com o pagamento daquilo que se deve, com um bem diferente, consentindo-o o credor.

Compensação

A compensação pode-se definir como modo de extinguir-se em quantidades concorrentes, as obrigações daquelas pessoas que, por direito próprio, são, reciprocamente, credoras e devedoras umas das outras.

No direito romano foi reconhecida a coexistência de créditos recíprocos, a virtude de paralisar as recíprocas ações, quando um dos credores alega contra a outra aquela coexistência, utilizando-a como exceção à demanda da parte contrária. Isto é expresso em outra famosa regra: *Etiam quod natura debetur, venit in compensationem* (D., 16, 2, *de compensationibus*, 6, Ulpiano).

Entendia-se por compensação "o balancete de dividas e créditos": *compensatio est debiti et crediti inter se contributio* (D., 16, 2, *de compensationibus*, 1 Modestino).

77 Ibidem.

78 VALPUESTA Fernández Ma R y otros. *Derecho de Obligaciones y Contratos*. 2. ed. España, Valencia: Tirant lo Blanch, 1995, p 127.

O credor não estava obrigado a compensar com outro o que seu próprio devedor devia, ainda que o credor do credor quer compensar por aquele que é demandado por sua divida própria. (D., 16, 2, *de compensationibus*, 18,1 Papiniano).

Não se trazia à compensação a dívida que parecia excepção (D., 14 Javoleno) ou que era devida a prazo (D., 7, pr. Ulpiano).

A instituição, sem embargo, teve uma limitada aplicação no direito clássico. Tenha-se presente que, apesar da livre faculdade dos credores recíprocos para renunciar às suas respectivas ações e, para considerar extintos seus respectivos créditos, não houve uma verdadeira obrigação de compensar (que é confiar a cada um o direito de reter a prestação devida e satisfazer seu crédito com ela). Não foi admitida, senão em determinadas e especiais relações, como por exemplo: no caso do banqueiro que era somente quem podia acionar pelo saldo da conta contra seu cliente e, no caso do adquirente dos bens do falido, que estava obrigado a deduzir o que o devedor desse falido devia a este por sua vez.

O certo é que o direito posterior admitiu a compensação, a qual restou classificada de três formas:

1ª) convencional;

2ª) legal;

3ª) judicial.

A compensação *convencional* supõe contratos celebrados dos quais nascem credores recíprocos; a *legal* aparece em virtude da lei e a *judicial* é a ditada pelos Tribunais, segundos as exceções ou reconvenções que contra a demanda opõe o demandado.

Remissão (perdão da dívida)

A remissão significa a extinção voluntária por parte do credor que libera da dívida a quem está obrigado a cumpri-la. Dita liberação há de ser gratuita em favor dos devedores e se manifesta expressa ou tacitamente.

A remissão é um modo de extinção diferente da transação, pois ainda que partam ambas da vontade, do segundo nascem obrigações recíprocas.

O titular de um direito pode dispor do mesmo em favor de outros, se não existem proibições legais, e podem liberar o devedor do adimplemento, ainda que afetando seu próprio patrimônio.

Alguns autores consideram que a remissão é um negócio a título gratuito ou oneroso, já que é um ato de disposição de patrimônio que exige uma capacidade especial para doar, aplicando-se, assim, a esta forma de extinção, as normas concernentes à doação. Desta maneira, segundo a doutrina, pode produzir-se a extinção por atos inter *vivos e mortis causa.* Os primeiros são atos de declaração unilateral praticados dentro dos atos jurídicos em geral e os segundos (*legatum liberationis*).

Confusão

A confusão, como forma de extinção das obrigações se sustenta no seguinte principio: "ninguém pode dever a si mesmo". Com isto sempre se explicou que a condição de devedor e credor não podem permanecer em uma pessoa, e quando, de alguma maneira, isto ocorra, as obrigações hão de extinguir-se total ou parcialmente.

Pode acontecer que, "por força de um fato jurídico estranho à relação obrigacional, as figuras do devedor e do credor se reunam na mesma pessoa. O mais freqüente é a sucessão *causa mortis*, em que o herdeiro recebe do seu antecessor o título de crédito contra si mesmo, ou vice-versa"[79].

Juridicamente é impossível a existência de uma obrigação se não estão presentes as partes ou sujeitos, sobre os quais recaem a condição de credor e devedor. Já foi dito que a confusão não é uma forma de pagamento ainda que pareça que o credor compense com ele mesmo as dívidas.

Existem situações ou fatos que produzem a confusão, mas geralmente esses fatos nascem da sucessão (universal ou singular). Como exemplo clássico toma-se a sucessão hereditária, quando o devedor, por algumas razões se converte em herdeiro do credor e vice-versa. Também pode estar presente dita forma nos créditos garantidos com fiança, pois, ao confundir-se a obrigação principal no credor e devedor principal, se extinguem para ele as que têm caráter acessório.

No direito romano já se tinha reconhecido que, assim como a *acceptilatio* extingue desde aquele dia as ações precedentes, também a confusão; porque se o devedor se fez herdeiro do credor, a confusão hereditária extinguia a ação de petição. Isto é expresso em outra famosa definição dos textos romanos: *sicut acceptilatio in eum praecedentes peremit actiones, ita et confusio: nam si debitor heres creditori existerit, confusio hereditatis peremit petitionis actionem* (D., 46, 3, *de solut. et liberat.*, 75 Modestino).

Novação

A novação representa um modo de extinção, pois uma obrigação nova extingue a preexistente. Diz-se do câmbio de uma obrigação por outra, mediante um ato jurídico que extingue e cria novas obrigações. Pode ser conceituada como "a constituição de uma obrigação nova, em substituição de outra que fica extinta"[80].

No direito romano a novação era o trespasse e traslado de uma divida anterior a outra obrigação, civil ou natural, isto é, quando de uma causa precedente se constituía uma nova de modo que se extinguia a primeira; novação recebia; pois, sua denominação de "novo" e de obrigação "nova": *novatio est prioris debiti in aliam abligationem vel civilem vel naturalem transfusio atque traslatio hoc est cum ex praecedenti causa ita nova constituatur, ut prior perematur. Novatio enim a novo nomen accepit et a nova obligatione* (D., 46, 2, *de novat. et delegat.*, 1, pr. 1 Ulpiano).

Igualmente, no direito romano não interessava a classe de obrigação precedida, fosse natural, civil, honorária, verbal, real ou consensual; portanto, qualquer que seja a obrigação que antecedia, podia ser novada por contrato verbal, com tal que a obrigação subsequente se deva civil ou naturalmente, por exemplo: "se o pupilo tivesse prometido sem a *auctoritas* do tutor": *illud non interest, qualis processit obligatio, utrum naturalis na civilis na honoraria, et utrum verbis na re na consensu: qualiscumque igitur obligatio sit, quase praecessit, novari verbis potest, dummodo sequens obligatio aut civiliter teneat aut naturaliter: ut puta si pupillus sine tutoris auctoritate promiserit* (D., 46, 2, *de novat. et delegat.*, 1, pr. 1 Ulpiano).

A novação não é uma simples transferência do direito de crédito pelo câmbio operado em um dos elementos constitutivos ou acessórios, senão a constituição de um novo direito de crédito sobre a base e a essência de uma precedente relação obrigatória que fica extinta, ou mais precisamente: "a extinção de uma obrigação mediante a constituição de uma obrigação nova que substitui a anterior".

79 DA SILVA Pereira, Caio Mário. Op. cit., p 187.

80 Ibib., p 159.

Trata-se simplesmente de um ato que, substituindo uma obrigação existente por outra nova, cria um novo vínculo que extingue outro, cujo conteúdo absorve o anterior, total ou parcialmente. É a novação um ato de eficácia complexa que se baseia em uma vontade dirigida a extinguir um crédito, criando outro novo, sendo decisiva a vontade do credor da primitiva obrigação, para o qual, a nova obrigação funciona como cumprimento da primeira.

Pesa nesta forma o caráter volitivo como condição determinante para extinguir as obrigações. A vontade das partes pode fazê-las desaparecer já que esse desaparecimento é o resultado do acordo para a não entrega dos bens ou para a não realização dos serviços.

Extinguiam-se as obrigações pela novação; por exemplo, se o que uma pessoa devia se estipulasse que o desse outro. Pois com a intervenção de uma nova pessoa nascia uma nova, e se extinguia a primeira trasladada à posterior, de tal modo que, às vezes, ainda que a estipulação posterior fosse válida, se extinguia de direito a primeira obrigação" (Gaio, 3, 176-178).

Anulabilidade e rescisão

A anulabilidade e a rescisão podem igualmente ser aceites como modos de extinção das obrigações. Sem embargo, realmente são formas de ineficácia, pois a rescisão pressupõe a presença de um contrato válido, mas que cause dano a uma das partes ou a um terceiro e a anulabilidade encontra sua causa nos vícios do consentimento.

Assim, no direito romano se conhecem diversas regras sobre a anulabilidade dos negócios jurídicos. Veja-se uma das regras no seguinte exemplo: *Qui nesciens loca sacra vel religiosa vel publica pro privatis comparavit, licet emptio non teneat, ex empto temen adversus venditorem experietur, ut consequatur quod interfuit eius, ne deciperetur* (D., 18, 1, *de contrabenda emptione*, 62, 1, Modestino). [Quem, ignorando, comprou como privados lugares sagrados ou religiosos, ou públicos, ainda que não seja valida a compra, poderia exercitar a *actio empti* para conseguir o importe da diferença se não tivesse sido enganado].

Por outro lado, a rescisão afeta às obrigações nascidas dos contratos celebrados por tutores ou curadores, sem autorização da Justiça ou as que realmente causam danos às partes ou afetam a terceiros (D., 41, 3, *de usurpationibus*, 42, Papiniano).

Em si, as obrigações podem extinguir-se por ações que as anulem ou as rescindam, quando nelas não estão presentes os requisitos necessários para sua validade (nulidade e anulabilidade), ou quando delas nasçam lesões para as partes ou terceiros.

Prescrição

Esta instituição jurídica foi conhecida desde o princípio da civilização romana, precisamente na Lei das Doze Tábuas, onde se estabelecia a *usucapio* e a *prescriptio longi temporis*, refundida ao tempo de Justiniano, no Baixo Império, dentro do *Corpus Iuris Civiles*.

Diz-se que a prescrição extintiva surgiu na Constituição de Teodosio II, onde se estabeleceu que todas as ações que não estivessem limitadas por um termo mais breve, deveriam exercer-se no interregno de 30 anos, sendo que, transcorridos estes, ocorreria a *prescriptio longissima temporis*.

No Direito romano primitivo, todas as ações eram imprescritíveis, não obstante os pretores fixarem um prazo dentro do qual elas deveriam ser ajuizadas, e transcorrido este, o demandado poderia opor a exceção (*prescriptio temporis*).

No período do Alto Império, os bens imóveis prescreviam aos 10 anos (*inter praesentes*) e aos 20 (*inter absentes*).

Na invalidez do negócio jurídico, o que desde um princípio era vicioso não podia se convalidar com o transcurso do tempo: *quod initio vitiosum est, non potest tractu temporis convalescere* (D., 50,17, *de diversis regulis*, 29 Paulo).

Portanto, a prescrição extintiva é uma das instituições mais antigas e discutidas do direito, e como já se disse, suas origens remontam aos primórdios do Direito romano, tendo sido acolhida em todas as legislações, apesar de não haver sido reconhecida pela totalidade dos autores que estudaram seu conteúdo, sua natureza ou os efeitos que dela derivam.

Em resumo, podemos afirmar que no direito romano a extinção das obrigações se operava com o desligamento do vínculo obrigacional, o que ocorria de várias formas:

a) *Solutio* (pagamento), ou seja, o cumprimento da obrigação pelo devedor;

b) *Compensatio* (compensação), ou seja, quando o credor e o devedor situavam-se na posição invertida decorrente de outra obrigação.

c) *Novatio* (Novação), ou seja, renova-se a obrigação morrendo a primeira e nascendo outra nova.

d) *Imaginaria solutio* (transação), ou seja, acordo entre as partes onde a obrigação se dava por desfeita, através de um ato jurídico rescisório chamado "*pactum de non pretendo*";

Independente da vontade das partes, a extinção podia se operar:

1°) quando o cumprimento se torna impossível. Exemplo: "perecimento de safra agrícola a ser entregue pelo devedor, em decorrência de tempestade de neve";

2°) pela morte de qualquer dos sujeitos, em alguns casos. Exemplo: "a morte do alimentante extingue a obrigação alimentícia";

3°) "*capitis deminutio*", pois deixa o indivíduo por ela, de ser sujeito de direitos e obrigações;

4°) "*confusio*" (confusão), quando o credor também exercia o papel de devedor. Exemplo: "o devedor herdeiro universal. Devia ao Espólio por um lado e por outro, dele era credor da herança";

5°) Concurso de causas lucrativas no caso de haver um testamento e uma doação, ambos para o mesmo credor e dos mesmos bens e esta última com condição suspensiva. Sobrevindo a morte do devedor (testador e doador), extingue-se a doação condicional;

6°) Verificação da condição suspensiva. Exemplo: "quando voltares da Gália devolve-me o cavalo". Na volta e na devolução do cavalo, extingue-se a obrigação";

7°) Extinção da obrigação principal extingue a acessória. Exemplo: "extinção da locação extingue a fiança".

6.10. Fontes das obrigações

A palavra fonte em seu significado comum pode representar a causa que origina um fenômeno, quer dizer, no mundo do Direito representa a origem de uma relação ou de uma situação jurídica, da qual se derivam as faculdades e direitos para as pessoas.

As obrigações, cuja estrutura acaba de ser vista, nasce de alguma forma. Brota de uma nascente, que é a sua mola propulsora. Esta nascente que se constitui na fonte das obrigações. É importante, portanto, que se tenha presente as cinco nascentes de onde emanava a obrigação romana: lei, contratos, quase contratos, delitos e quase delitos.

- Lei;
- Contrato;
- Quase contrato;
- Delitos;
- Quase delitos.

6.10.1. A lei

Na verdade, o respeito à lei no direito romano sempre esteve latente, até o ponto de se considerar que sua não obediência poderia ser causa da pena capital. Igualmente, todo o regime jurídico romano só pôde estabelecer-se por meio desses importantes monumentos, entre outros: a Lei das XII Tábuas e o *Corpus Juris Civilis*, ambos já mencionados capítulos atrás.

A lei romana, ainda, vai se apresentar sob duas modalidades: *lex rogata* (a proposta de um magistrado aprovada pelos comícios, ou a de um tribuno da plebe votada pelos *concilia plebis*, desde que os plebiscitos se equipararam às leis) e *lex data* (lei emanada de um magistrado em decorrência de podere de quem, para tanto, lhe concederam os comícios"[81].

De qualquer forma, devemos lembrar que estas leis romanas, diferentemente das atuais, tinham um caráter particular e casuístico.

6.10.2. Os contratos

A palavra contrato procede da expressão, *cum* e *traho*, que quer dizer, *ligare* significando, por conseguinte, a relação constituída com base num acordo ou convenção. É obscura, sem embargo, sua origem e por essa razão surgiram muitas contraovérsias entre os romanistas ao redor da relação existente entre os conceitos de contrato, convenção e pacto[82].

Contrato (*contractus*) significa unir, contrair. Não era o único termo utilizado em direito romano para finalidades semelhantes. "A convenção, de *conventio,* provém de *cum venire*, vir junto. E pacto provém de *pacis si*, estar de acordo"[83]. "No direito moderno, o termo pacto tem sentido diverso do que lhe atribuíam os romanos. Significa a cláusula aposta a certos contratos para lhes emprestar feito especial. Pacto não é mais, como no direito romano, a convenção desprovida de sanção"[84].

"Desde o direito romano, a convenção ou pacto era o acordo simples de vontades por si só não gerava ação ou vínculo obrigatório. O contrato era a convenção que, por ir acompanhada de uma forma prevista pelo Direito ou de uma causa reconhecida e idônea para fundar uma obrigação, produzia ação e vínculo obrigatório"[85].

Para os romanos, "contrato teria sido o acordo de vontades do qual derivavam direitos e obrigações protegidos por ações civis. Distinguiam '*contractus*' de '*pactum*'. O contrato consistia em relação jurídica constituída por obrigações exigíveis mediante ações civis, enquanto o pacto era protegido, apenas, por uma exceptio"[86] (defesa). Convenção e pacto eram conceitos equivalentes e significavam o acordo de duas ou mais pessoas a respeito de um objeto determinado. Porém, o simples acordo, convenção ou pacto, não bastavam para

81 MOREIRA Alves, José Carlos. *Direito Romano*. 7. ed. Rio de Janeiro: Forense, vol. I, 1991, p 25.

82 CASTÁN Tobeñas, José. *Derecho Civil español, Comun y Foral*. Madrid, 1991, p 510.

83 SALVO Venosa, Silvio de. *Teoria Geral dos Contratos*. 3. ed. São Paulo: ATLAS, 1997, p 17.

84 GOMES Orlando. *Contratos*. 6. ed. Rio de Janeiro: Forense, 1978, p 17.

85 Ibid., p 512.

86 GOMES Orlando. *Contratos*. Op. cit., p 21.

criar uma obrigação juridicamente exigível. O simples pacto não criava a obrigação. Essa noção, que vem do direito clássico, atinge a época de Justiniano. Para que se criasse uma obrigação, havia necessidade de certas formas que se exteriorizassem à vista dos interessados. A solenidade dava força às convenções. Cada uma dessas convenções, sob certas formalidades, constituía um *contractus*. Não conhecia, portanto, o direito romano, uma categoria geral de contrato, mas somente alguns contratos em particular[87].

No final da República e princípios do Império, foi reconhecida a existência dos contratos consensuais, os quais se constituíam pela simples vontade das partes. Estas mudanças foram geradas pelo notável desenvolvimento econômico de Roma, no qual se destacou a transformação da agricultura e da economia limitada, no grande império conquistador que construía e também transformava o regime de escravidão em uma sociedade que já possuía elementos do mercantilismo.

O contrato foi a fonte mais rica e inesgotável das obrigações. Levaremos em conta apenas a noção e algumas espécies dos mesmos, porque consistem em vastíssimo assunto, objeto de maior depuração na cadeira de Direito Civil.

Porém, a principal classificação das fontes da obrigação romana se reduzia a dos tipos, pois toda obrigação, ou nascia do contrato ou do delito. As que nasciam dos contratos se contraiam por coisa, por palavras, ou por escritura: *obligationes aut ex contractu nascuntur aut ex maleficio aut proprio quodam iuxe ex variis causarum figuris* (D., 44,7, *de oblig. et actionibus*, 1, pr. Gaio).

A) Elementos do contrato

O contrato, como qualquer ato jurídico, possui uma certa estrutura que é conformada através de certos elementos, considerados, com rigor, como essenciais para sua existência e validade.

Os elementos do contrato, em sua estrutura básica, são os mesmos dos atos jurídicos, os quais, lembremos, dividem-se em três grupos: essenciais, naturais e acidentais, sendo os primeiros indispensáveis à sua existência jurídica, reportando-nos aos mesmos, constantes do capítulo 3.

B) Classificação dos contratos

A classificação romana básica dos contratos pode ser identificada da seguinte maneira:

- *Contratos reais*: tais como os que para seu aperfeiçoamento, necessitava da entrega de uma coisa (*res*);

- *Contratos verbais*: os que se formalizavam mediante o pronunciamento de palavras solenes;

- *Contratos literais*: os que exigiam o uso da palavra escrita;

- *Contratos consensuais*: os que se aperfeiçoavam pelo consentimento das partes, sem formalidades ou exigências externas.

Os principais contratos reais regulados pelo direito romano foram o mútuo, o comodato, o depósito e penhor.

Nos contratos reais, o mais antigo deles era o mútuo. Na realidade, era um contrato unilateral, de direito estrito e principal, pelo qual uma pessoa chamada mutuante entregava a

87 SALVO Venosa, Sílvio. *Teoria Geral dos Contratos*. Op., cit., p 18.

coisa fungível a outra, chamada mutuária, transmitindo-lhe a propriedade, nascendo daí a obrigação da devolução de igual quantidade da coisa da mesma espécie e qualidade.

Inicialmente, o mútuo era um simples empréstimo de consumo, sem interesse lucrativo do credor. Entretanto, mais tarde, com o desenvolvimento das atividades mercantis, impôs-se a prática de exigir os juros nesses contratos.

O comodato era um contrato real, de "*bona fidei*", bilateral imperfeito, principal e gratuito, pelo qual uma pessoa chamada "comodante" entregava a outra, denominada "comodatário", o uso de uma coisa específica (infungível) para sua posterior devolução.

O depósito era um contrato real, de "*bona fidei*", bilateral e imperfeito, principal e gratuito para qual uma pessoa chamada "depositante" entregava a outra, chamada "depositária", uma coisa para que a conservasse e a devolvesse em seu estado inicial. Este contrato era semelhante ao comodato, mas com a diferença fundamental que não constituía um contrato de empréstimo de uso, somente de depósito e guarda, porque ao depositário era proibido usar a coisa depositada.

O penhor ou "*pignus*" eram um contrato real, de "*bona fidei*", bilateral imperfeito, e acessório, pelo qual uma pessoa, que poderia ser o devedor da obrigação principal ou um terceiro, entregava ao credor da obrigação principal, uma coisa como garantia de cumprimento da obrigação, coisa essa a ser devolvida no adimplemento.

Por outro lado, os contratos verbais, próprios dos primeiros momentos do desenvolvimento econômicos de Roma, ainda sentiam o efeito da preponderância de uma economia doméstica. Eram contratos em que as formalidades tinham o peso fundamental em seu aperfeiçoamento.

O "*nexum*", era um dos contratos que surgiu, possivelmente no primeiro momento da República, e talvez, no final da Monarquia. Por meio dele, uma parte era forçada a devolver à outra, certo valor que recebeu como empréstimo, garantindo a obrigação com sua própria pessoa.

Os efeitos do "*nexum*" eram primitivos e brutais: se o devedor não cumprisse sua obrigação, (como se estabelecia na Lei das XII Tábuas), poderia ser capturado pelo credor e depois de 60 dias sem que ninguém tivesse cumprido ou garantido a obrigação em seu lugar, poderia ser vendido como escravo. Mais tarde, este contrato se tornou impróprio, a partir da promulgação do Lei "*Poetelia Papiria*" do ano 326 a.C., que proibiu a escravidão por dívidas.

O "*stipulatio*", era um contrato verbal, formal, de "*stricti iuris*", unilateral e principal que se formalizava mediante uma pergunta do credor e a resposta do devedor, pelo qual se obrigava ao cumprimento.

Os chamados contratos literais, correspondiam a uma fase superior de desenvolvimento da vida, tanto jurídica como comercial de Roma, em que se iam desenvolvendo as idéias dirigidas a obter uma melhor prova da convenção e uma maior agilidade, sem as limitações que supunham os contratos verbais. Estes contratos se constituíam utilizando um documento escrito como exigência fundamental. Os principais contratos literais que se conheceu no Direito romano foram: o "*expensilatio*" (que deu origem à forma retro mencionada de contratação), o "*chirographum*" e o "*syngrapha*".

O "*expensilatio*", como contrato literal, formal, de "*stricti iuris*", unilateral e principal, consistiu em um assento fictício feito pelo credor. O "*chirographum*" era um compromisso por escrito, do devedor, de pagar uma certa quantidade determinada por ambas as partes e o "*syngrapha*", sendo semelhante ao anterior, necessitava da intervenção de ambas as partes, credor e devedor, nos quais estampavam seus selos conjuntamente e conservavam cada qual, uma cópia do documento.

Os contratos consensuais corresponderam ao momento de maior florecimento e auge das relações comerciais em Roma. Nestes contratos, já se disse, a prática se despojava de formalidades externas predominantes em todas as anteriores formas contratuais, e se situava como fator decisivo da configuração do ato contratual o consentimento, quer dizer, o aperfeiçoamento ou acordo de vontades. Os principais contratos consensuais no Direito romano foram: a compra e venda, o arrendamento, a sociedade e o mandato. "Além dos contratos nominados, admitia o Direito romano os contratos inominados, assim chamados por não terem designação própria. Compreendiam quatro grupos: *do ut des*; *do ut facias; facio ut des; facio ut facias*"[88].

Por outro lado, a atividade contratual na sociedade feudal foi muito controvertida e as raízes foram procuradas na fase da decadência do Império Romano, originando-se novas relações sócio-econômicas e políticas.

C) Espécies de contratos

Os contratos, segundo sua natureza jurídica se agrupam da seguinte forma:

- Contratos traslativos da propriedade: "compra e venda", "permuta", "doação".

- Contratos traslativos do uso e desfrute: "empréstimo (mutuo, comodato), "arrendamento" (locação).

- Contratos de gestão: "mandato", "sociedade".

- Contrato de custódia: "depósito".

- Contratos de serviços: "locação", seguro, etc.

Cada um desses grupos de contrato e cada contrato em particular, apresentam características distintas, por exemplo:

Compra e venda

Segundo estudos históricos, a origem da compra e venda é localizada na troca ou permuta direta de coisas por coisas, já que enquanto não se conhecia a moeda, os homens, para satisfazerem suas necessidades, trocavam os bens entre si.

É certo que nos tempos antigos "as necessidades de circulação das riquezas, obrigaram os homens a realizar trocas de mercadorias por mercadorias e por serviços, tendo surgido nos grandes centros um denominador comum para facilitar o comércio - a moeda"[89].

Mais tarde, para facilitar o intercâmbio, se introduz o dinheiro como medida de todos os valores, aceito universalmente, substituindo-se a forma rudimentar de intercâmbio anterior, surgindo agora o câmbio indireto de coisa por dinheiro, com o que se facilitou as transações de todo gênero e permitiu que o câmbio alcançasse grandes e importantes proporções.

Deste modo, o contrato de compra e venda surgiu como o substituto necessário da troca, sendo apresentado como um contrato pelo qual uma pessoa se obriga a transmitir o domínio de certas coisas, e a outra a entregar uma quantia de dinheiro pelas coisas que recebe. "A compra e venda distinguiu-se, assim, da troca ou permuta por importar na transferência de mercadorias de uma parte contratante para a outra, mediante o pagamento de uma quantia de moedas"[90].

---

88 GOMES Orlando. *Contratos*. Op., cit., p 21.

89 WALD Arnoldo. *Obrigações e Contratos*. 12. ed. São Paulo: Revista dos Tribunais, 1995, p 254.

Além dos elementos essenciais, a compra e venda levava consigo, elementos especiais inerentes a ela, como a *coisa* e o *preço.*

Conhecia-se a compra e venda (*emptio venditio*), especialmente desenvolvida juridicamente com a vitória romana sobre os cartagineses, nas Guerras Púnicas ocorridas ao longo dos últimos séculos da República, e onde Roma tornou-se soberana no comércio do mar Mediterrâneo. Neste negócio jurídico, uma parte entrega a mercadoria e a outra lhe entrega certa soma em dinheiro. Noutros casos, ainda sem coisa, se entendia realizada a venda; por exemplo, quando se comprava a risco (vendas *emptio spei*), como era o caso da pesca, caça.

O contrato de compra e venda tinha suas regras. Quem ignorava que o vendedor era dono da coisa, ainda quando entendesse que compra de quem não é dono, se lhe fosse entregue por esse, dono se faz. Assim, não haveria dúvidas, de que qualquer um podia vender uma coisa alheia, ainda assim existe compra e venda; mas a coisa poderia ser expropriada do comprador), aqui se verificando nítida situação de presença do elemento natural da evicção: *rem alienam distrahere quem posse nulla dubitatio est: nam emptio est et venditio: sed res emptori auferri potest* (D., 28 Ulpiano).

No caso da compra e venda, devia existir consentimento e no caso em que houvesse desistência, a compra era imperfeita por nulidade. Igualmente, sempre que houvesse desacordo ou se desistisse do objeto da venda, o contrato resultava nulo, aqui consagrado o direito de arrependimento.

Diz-se que a compra foi, pois, de *ius gentium* e, por isso, era perfeita pelo consentimento e poderia se contrair entre ausentes, por emissário e por carta, verificando-se, nesta disposição do Digesto, o embrião da teoria da expedição, adotada por Códigos de vários países, para a obtenção do momento em que se ve dar por concluído o contrato entre ausentes: *est autem emptio iuris gentium, et ideo consensu peragitur et inter absentes contrahi potest et per nuntium et per litteras* (D., 18, 1, *de contrahenda emptione*, 1, 2 Paulo).

Curioso foi o caso de se aceitar que, se se estivesse em desacordo com o nome, mas conforme no objeto, era válida a compra e venda; pois nada importava o erro do nome, se se estivesse de acordo com o objeto, verificado nesta passagem do Corpus Iuris Civiles, posicionamento frente ao "erro" sobre a denominação da coisa objeto da compra e venda, selando os jurisconsultos romanos, verdadeiro precedente de ratificação de ato jurídico teoricamente eivado do vício de consentimento.

Do ponto de vista dos elementos reais do contrato de compra e venda, não se concebia nem compra nem venda sem coisa para vender, mas se podiam comprar tanto os frutos como os partos futuros (de escravos). Aqui, o mesmo monumento jurídico mostra regra casuística (sempre casuística) sobre o elemento especial, a coisa, carregando, ainda, consigo, um elemento acidental, identificado como termo.

O preço devia ser certo, pois caso contrário o negócio não tinha eficácia alguma, prevalecendo tal regra até hoje.

Era preciso saber quando estava perfeita a compra, para determinar quem suportaria o risco, pois uma vez perfeita a compra, o risco corresponderia ao comprador, daí a origem da regra "res perit domino".

Se o vendedor não fosse o dono da coisa que se vendia, uma vez recebido o preço, ficava obrigado pela *actio auctoritatis*; de outro modo não podia ser obrigado. Se fosse objeto de evicção uma coisa vendida com *mancipatio* e *traditio* perfeita, quedava obrigado o

---

90 Ibidem.

vendedor ao dobro, pela *actio auctoritatis*. Aqui, mais uma casuística do Digesto, respeitantemente ao elemento natural mencionado.

O Corpus Iuris Civiles, concebia por redibir ao ato de fazer ser recebida de volta a coisa que apresentasse defeito oculto. Daí a origem do elemento natural vício redibitório.

A *mancipatio* foi certa espécie de venda imaginária, que constituiu um direito próprio e peculiar dos cidadãos romanos, ato que se praticava assim: reunidos não menos de cinco testemunhas cidadão romanos, púberes e mais outro que sustentava a balança de metal, que era chamado de *libripens,* a pessoa que recebia a propriedade, tendo a coisa dizia assim: "Digo ser meu este escravo segundo o direito dos *quirites* e que o tenho comprado com esta moeda e esta balança de metal "; depois percutia a balança com o metal ou moeda e entregava esta a aquele de quem recebia a propriedade, como se fosse o preço.

A *mancipatio* foi um modo de alienação peculiar das coisas *mancipi* que se realizava com palavras determinadas, estando presentes o *libripens* e cinco testemunhas.

Assim, a *mancipatio* tinha lugar entre cidadão romanos e entre latinos *coloniarii,* latinos *Iuniani* e aqueles peregrinos ao quais se lhes concedia o comércio.

Nos tempos de Roma o termo comércio significava o direito recíproco de comprar e vender.

Quando se fazia o *nexum* ou a *mancipatio*, o que a língua pronunciara, era direito.

Se fosse aperfeiçoada a coisa comprada com a *mancipatio* e *traditio* perfeita, o vendedor, pela *actio auctoritatis*, ficava obrigado.

Os domínios da coisa se transferia por a tradição e usucapião, não por meros pactos.

Se alguém comprava a coisa depositada, dada em prenda ou em comodato se considerava a coisa por entregada, se depois da compra ela seguia no poder do comprador.

Finalmente, segundo as regulações do direito romano, a compra e venda. Como, pelo consentimento se contraia, pelo consentimento contrario se desfaria, antes que o assunto se tivess consumado. Assim, a compra e venda deixaria de existir por mera convenção, se o negócio não se tivesse executado (D., 18, 5, *de rescindenda venti.*, 3 Paulo e 5, 1 Juliano)

Depósito (depositum)

O depósito foi o contrato pelo qual uma pessoa entrega a outra uma ou várias coisas com o fim de sua guarda e custódia, até que se exija a devolução.

Para os romanos era aquele contrato onde o credor entregava ao devedor coisa móvel, a ser guardada por este e restituída depois de algum tempo. Assim, depósito era o que se deu a alguém para que o guardar-se, chamado assim porque era posto (*positum*), pois a preposição *de* incrementa (a palavra) o depósito, como para significar que está encomendado à lealdade daquele todo o que se refere à custódia da coisa: *depositum est quod custodiendum alicui datum est, dictum ex eo quod ponitur: praepositio enim de auget depositum, ut ostendat totum fidei eius commissum, quod ad custodiam rei pertinet* (D., 16, 3 *depositi vel contra*, 1, pr. Ulpiano).

A generalidade de doutrinadores e legislações, seguiram a concepção romanista acerca da natureza do objeto do depósito, aceitando somente como elemento real, os bens móveis. De toda forma, outros autores e legislações, filiando-se à teoria moderna, reconhecem a possibilidade de que este contrato possa constituir-se também sobre bens imóveis, admitindo-se ao seqüestro judicial de um imóvel, a qualificação de depósito.

A propriedade da coisa depositada permanecia no depositante, mas também a posse, a não ser que estivesse depositada em um sequestário (depositário judicial)

Empréstimo

Desde seu início, o empréstimo foi considerado como um contrato real, ainda que a simples convenção de emprestar a coisa, gerasse a obrigação de sua entrega, aceitando-se a promessa e não o contrato, que finalmente se caracterizava pela restituição, da coisa entregue gratuitamente para o uso.

O contrato de empréstimo era de duas espécies: o mútuo (*mutuum*), destinado a coisas fungíveis (substituíveis em gênero, quantidade e qualidade), por exemplo um animal e o comodato (*commodatum*), destinado às coisas infungíveis (individuadas e insubstituíveis por outra do mesmo gênero, quantidade e qualidade), como por exemplo, um escravo.

Por estes contratos, uma parte emprestava à outra, bem fungível ou infungível, que deveria restitui-los em determinado espaço de tempo pré-concebido.

Pelo *mutuum*, o dinheiro deveria ser restituído ao mutuante nesse tempo e pelo comodato, exatamente o mesmo escravo haveria de ser restituído em tal interregno.

O termo "comodato" provém de "*commo dum"* (proveito), e segundo muitos historiadores, de "*cum modo"*, expressão indicadora do aproveitamento da coisa para seu uso pelo comodatário.

Assim, se reconhecia que a obrigação se contraia pela coisa na dação do mutuo. A dação do mutuo consistia em coisas que constavam pelo peso, número ou medida, como vinho, aceite, trigo, dinheiro constante; devendo-se receber depois outras do mesmo gênero e quantidade: *re contrahitur obligatio mutui datione. Mutui autem datio consistit in his rebus, quae pondero numero mensurave constant, veluti vino oleo frumento pecunia numerata, quas res in hoc damus, ut fiant accipientis, postea alias recepturi eiusdem generis et qualitatis* (D., 44, 7, *de obligationibus et actionibus*, 1, 2 Gaio).

Por essa passagem do Corpus Iuris Civiles, se compreende que, alguns bens fungíveis, dadas determinadas características, podem ser objeto de comodato. Exemplo bem apontado por Cretela Júnior (op. citado, pág.264), é comodato de determinadas moedas raras, "ad pompam et ostentationem" ou ainda por Thomas Marky (op. citado, pág.123), consistente no comodato de garrafas de vinho estrangeiro para permanecer em exposição em determinada vitrine.

Não obstante, a classificação mais importante é a levada a cabo por causa de seu objeto: o comodato (empréstimo de uso) e o mútuo (empréstimo de consumo). Estas modalidades, por suas características possuem as seguintes diferenças:

- *Comodato* é essencialmente gratuito e o mútuo pode admitir pacto de juros;
- *Mútuo* é constituído por meio do compromisso da entrega de dinheiro e a coisa fungível, e o comodato sobre coisas não fungíveis, determinadas ou específicas.

Afirma-se que não se poderá identificar as coisas fungíveis com as consumíveis e que muitas vezes a vontade das partes, e não a natureza dos bens, determina que um empréstimo seja de uso ou de consumo.

Por sua finalidade, com o mútuo se pretende criar um benefício de uso na pessoa que recebe os bens e, portanto, o uso permite a transferência da propriedade, e o comodato só transfere o uso da coisa.

Por seus efeitos o mútuo produz a obrigação de restituir outro tanto do mesmo gênero, quantidade e qualidade; no comodato se restitui exatamente a mesma coisa.

Os riscos no comodato são para o comodante que continua sendo o dono da coisa (*res perit domino*) e por outro lado, no mútuo são para o mutuário (ainda a *res perit domino*), sem mais obrigação do que a devolução de outro tanto do mesmo gênero, qualidade e quantidade.

A origem do contrato do comodato, encontrou sua maior expressão no direito romano. No Digesto e no Código Justiniano se encontraram acertadas soluções práticas que validaram a perícia e predição deste direito.

Da mesma forma que o depósito, o comodato foi primeiro uma relação concebida pelo pretor com o que se regulou a devolução da coisa e a sanção pelo inadimplemento. Existiu a *actio* comodati direta, em favor do comodante e a *comodati* contrária, a favor do comodatário.

Inspirado por tais antecedentes, no direito histórico espanhol, foi desenvolvida a natureza e estrutura do comodato, sob o plano desembrulhado pelos legisladores romanos, que considerou que, das coisas dadas em comodato se retinha a posse e a propriedade: *rei commodatae et possessionem et proprietatem retinemus* (D., 13, 6, *commodati vel contra*, 8 Pomponio).

Alguns doutrinadores aceitaram que as coisas fungíveis podiam ser objeto deste contrato, de qual surgia a obrigação de restituir a coisa quando não se a consumia.

Sem embargo, no direito romano se considerou que o possuidor de má fé que emprestasse a coisa alheia, embora fora roubada, teria direito à ação de comodato para exigir do comodatário sua devolução.

Se admitiu, pois, que o comodato tivesse diversas formas que determinaram diferentes conseqüências jurídicas para os contratantes. Por outro lado, no direito se tratou separadamente os contratos de mútuo e comodato, mas nas legislações modernas se agrupam como uma figura unitária, surgindo o empréstimo como um sentido mais amplo.

No direito romano foram admitidas três formas de comodato:

- Na utilidade do comodatário;
- Na utilidade do comodante e do comodatário ao mesmo tempo;
- Na utilidade do comodante (caso aquele desvirtuase a essência do contrato).

Permuta

Foi considerada a troca como o contrato mais primitivo que a prática humana conheceu. Certamente é um contrato muito velho, que se apresenta como a antesala da compra e venda.

"Historicamente", afirma Orlando Gomes, "a troca, permuta ou escambo, precede à compra e venda. Antes da economia monetária, era o instrumento jurídico da circulação dos bens. Sua importância diminuiu, desde que surgiu a compra e venda. Hoje usa-se raramente, diminuto sendo seu interesse do ponto de vista prático. Sob o aspecto teórico, carece também de maior relevância em vista de lhe dispensarem as legislações tratamento análogo ao da compra e venda"[91].

A troca foi fundamentada, em princípio, como a substituição de coisas por coisas, e ainda como forma de intercâmbio primitivo, não puderam ser chamados de contrato, porque,

91 GOMES, Orlando. *Contratos*. Op. cit., p 268.

só como instituição jurídica, a troca surgiu com a descomposição da sociedade em classes sociais com o surgimento do Estado e do Direito.

No direito romano a troca se constituiu como um contrato nominado, de natureza real, que se aperfeiçoava com a entrega da coisa. Portanto o contrato estava seguido imediatamente da entrega da coisa.

Conhecia-se a permuta (*permutatio*), mais conhecido como troca onde a prestação (*dare*) de um, correspondia à uma contraprestação do outro (*dare*).

Exemplo: "Te dou este escravo e recebo de ti esta outra escrava".

Locação

A locação é aquele contrato mediante o qual uma das partes se obriga a transmitir a outra o gozo ou uso sobre uma coisa por tempo determinado e preço certo, ou a executar uma obra ou prestar um serviço, também por preço certo.

Orlando Gomes nos ensina que o direito romano conheceu a *locatio conductio* que compreendia três espécies inconfundíveis: a *locatio rei*; a *locatio perarum*; e a *locatio operis faciendi*. Pela primeira, se prometia, por certo pagamento, uma coisa fruir. Quem concedia a coisa para ser fruída chamava-se *locator*, quem a fluía, *conductor*. Denominava-se a este *inquilinus*, se o prédio locado era urbano; e *colunus*, se rural. No *locatio operarum*, obrigava-se alguém, mediante certa retribuição, a prestar serviços, enquanto na *locatio operis faciendi* não se levava em conta a razão de cada serviço a ser prestado. No Direito moderno, estas três modalidades contratuais foram disciplinadas sob os nomes, respectivamente, de locação de coisa, locação de serviços e empreitada ou locação de obra, rompendo-se a unidade conceitual[92].

Como se observa, conhecia-se a locação, em três modalidades:

e1) Locação de coisa (*locatio conductio rei*), onde, mediante pagamento em dinheiro, usava-se determinada coisa. Exemplo, aluguel de bigas para temporada de corridas;

e2) Locação de serviços (*locatio conductio operarum*), onde o serviço de alguém é utilizado por outrem temporariamente, mediante pagamento deste àquele. Assim, o que arrendou seus serviços devia receber o estipêndio correspondente a todo o tempo estipulado: *qui operas suas locavit, totius temporis mercedem accipere debet, si per eum non stetit, quo minus operas praestet* (D., 19,2, *locati conducti*, 38, pr. Paulo).

Exemplo:

"O ferreiro Orato paga um salário pelo aluguel do serviço dos seus aprendizes Leandro e René".

e3) Empreitada (*locatio conductio operis*), onde a produção de uma obra é correspondente a uma contraprestação em dinheiro. Por exemplo: a construção de uma casa, para o que era contratado o *conductor*.

A locação, como era natural em todos os povos, não se contraia em virtude de palavras solenes, mas pelo consentimento, como era o caso da compra e venda (D., 19,2, *locati conducti*, 1, Paulo). Assim, se entendia a locação como semelhante à compra e venda, pois tinham como base as mesmas regras de direito. A compra e venda, por exemplo, se fazia contraída quando se tivesse consentido o preço; a locação, quando se tivesse consentido o aluguel.

92 Ibid., p 272.

Ao arrendatário (locatário) se lhe dava a *actio ex conducto*, quando por alguma causa não se lhe permitia desfrutar da coisa que houvesse tomado em arrendamento.

No contrato de locação, devia-se fazer tudo conforme o acordo, e se algo tivese sido esquecido no contrato, dever-se-ia comportar com objetivo do bom e o justo.

Sociedade

No direito romano conhecia-se o contrato de sociedade (*societas*), onde duas ou mais pessoas comungavam esforços numa atividade lícita, visando lucro: *quaestus enim intellegitur, qui ex opera cuius descendit* (D., 8 Paulo).

Existia a sociedade relativa a todos os bens ou a um negócio único, como era o caso, por exemplo, da compra e venda de escravos. Assim, se contraia sociedade também para arrendar impostos: *societatem coire solemus aut totorum bonorum aut anius alicuius negotii, veluti mancipiorum emendorum aut vendendorum* (Gaio, 3, 148).

Na sociedade de todos os bens, as coisas que se adquiriam se transformavam em comuns: *societates contrahuntur sive universorum bonorum sive negotiationis alicuius sive vectigalis sive etiam rei unius* (D., 17, 2, *pro socio*, 5, pr.-1 Ulpiano).

Também, no direito romano prevaleceu, em princípio, que podia integrar a sociedade, dinheiro ou outro trabalho: *societatem, uno pecuniam conferente, alio operam, posse contrahi, magis obtinuit* (C., 4, 37, *pro socio*, 1 Diocleciano e Maximiano).

"Segundo a concepção romana, o conceito de contrato de sociedade dava lugar à criação de um vínculo obrigatório entre os sócios, mediante a realização de suas respectivas quotas, destinadas a compor o fundo social, a partilha dos lucros e liquidação"[93], porém, podia definir-se o contrato de sociedade como o fato pelo qual várias pessoas se obrigam a combinar os seus esforços ou recursos, para obterem um fim comum.

Em alguns textos latinos se localiza a proibição perpétua da sociedade, por exemplo, segundo Paulo, (D., 70) "a constituição da sociedade para sempre era nula. (*Nulla societatis in aeternum coitio est*. Porém, se reconhecia que podia contrair-se a sociedade perpetuamente, isto é, enquanto vivessem os sócios ou até certo tempo, ou desde certo tempo, ou ainda, sob condição: *societas coiri potest vel in perpetuum, id est dum vivunt, vel ad tempus vel ex tempore vel sub condicione* (D., 1, pr. Paulo).

Dessa forma, entendia-se que a sociedade podia ser dissolvida pelas pessoas, pelas coisas, pela vontade e pela ação. Por isso, se tivessem perecido as pessoas, ou as coisas, ou a vontade, ou a ação, se entendia extinta a sociedade.

O perecimento das pessoas podia se dar pela *capitis diminutio* máxima e média ou pela morte; as coisas, ao revés, pereciam, ou quando não sobrava nenhuma, ou tivesse mudado de condição, pois ninguém é co-proprietário de coisa que não existe, nem das que já foram consagradas ou confiscadas. Igualmente se entendia que pela vontade (renúncia) também se extinguia a sociedade (Ulpiano, 63, 10)

Mandato

O termo mandato provêm da palavra latina "*mandatum*", que por sua vez se deriva de *manu datio, manum dare,* quer dizer: pelo costume, as partes contratantes se davam a mão em

93 SERPA Lopes, Miguel Maria de. *Curso de Direito Civil*. 6. ed. Rio de Janeiro: Freitas Bastos, 1995, p 500.

sinal de que se comprometiam do combinado, predominando assim como fundamento, a confiança.

Dar a mão era símbolo de conclusão do contrato, e portanto, significava que se dava poder ou encargo a outra pessoa para cuidar dos interesses ou assuntos.

Conhecia-se o mandato (*mandatum*), onde o mandante nomeava um mandatário que o representava nos atos da vida civil. Por exemplo:

"O senador Liborium nomeou seu filho Ângelo como seu procurador, para que este viajasse a Gênova e o representasse na constituição de uma sociedade pecuarista contratada com Menestúrio. Ângelo, mandatário, agiria em nome exclusivo de seu pai, o mandante". Nesse sentido as normas romanas premitiam o mandato (D., 3, 3, *de procuratioribus et defensoribus*, 1, 1, Ulpiano).

Quem não proibia que se interviesse por ele, se entendia que concedia o mandato. Se alguém ratificou o que por ele se fez, se obriga pela ação de mandato. Assim, a obrigação do mandato consistia no consentimento dos contratantes: *obligatio mandati consensu contrahentium consistit* (D., 17, 1 *mandati vel contra.* 1, pr. Paulo).

Era considerado nulo o mandato de coisa imoral, e por isso não se exercitava a *actio* (*mandati*): *rei turpis nullum mandatum est et ideo hac actione non agetur* (Ulpiano, 6, 3).

O mandato se constituía, bem em proveito próprio, bem em alheio; obrigando-se as partes reciprocamente (Gaio, 3, 155).

No direito romano se regulou o mandato como contrato gratuito; caso contrário, se considerava nulo, porque tinha como origem o favor e a amizade; portanto, a retribuição era considerada contrária ao instituto, pois ao intervir dinheiro, o negócio melhor se traduziria em arrendamento: *mandatum nisi gratuitum nullum est: nam originem ex officio atque amicitia trahit, contrarium ergo est officio merce: interveniente enim pecunia res ad locationem et conductionem potius respicit* (D., 17, 1, *mandati vel contra*, 1, 4, Paulo).

Podia-se exercitar a *actio mandati* contra aquele cujos negócios foram gestionados (C., 4, 35, *mandati*, 1 Severo e Antonino).

O procurador podia ser nomeado, ou para todos os negócios, ou para um só, bem-estando a pessoa presente, por emissário ou por carta (D., 3, 3, *de procuratoribus et defensoribus*, 1, 1, Ulpiano).

Pela *actio mandati* se respondia pelo dolo, e pela culpa. Quem executasse um mandato não devia ultrapassar o limite do mandato (Collatio leg., X, II, 3, Modestino).

Do ponto de vista da extinção, a revogação do assunto extinguia o mandato (Gaio, 3, 159 e 160).

Doação

Dentro dessas figuras contratuais, some-se a figura da doação, que não era tida pelos romanos como contrato, e sim como fundamento dos atos jurídicos.

A doação (*donis datio*), *donatione*, expressava a liberalidade que uma pessoa exercia a favor de outro, desprendendo-se de algo que lhe pertence.

A doação em sentido técnico- jurídico, é uma atribuição patrimonial gratuita por acordo de ambas as partes, em virtude da qual se enriquece o patrimônio de outro.

No direito antigo e no direito clássico, aquele desprendimento de riqueza era conseqüência de uma transferência do direito real, de uma pessoa para outra. Por outro lado, na mera concessão de uso ou nos benefícios de serviços foi considerado que não havia incremento patrimonial, a menos que em sua virtude, se tivessem economizado os gastos que teriam que fazer-se[94].

A doação se entendia em duas classes: doações *inter vivos* e doações *mortis causa*, segundo suas condições e tipos.

A doação *inter vivos* era aquela que se fazia sem nenhuma previsão da morte. Essas doações, se fossem perfeitas, não podiam ser revogadas com facilidade.

Igualmente, as doações se aperfeiçoavam quando o doador tive-se manifestado sua vontade, por escrito ou não; à semelhança da venda, se deveria verificar a *traditio,* de modo que, ainda quando não se entregassem as coisas simultaneamente à manifestação da vontade, devia ter plena e perfeita firmeza e incumbir ao doador a necessidade de fazer a *traditio.*

No direito romano não era a *donatio* um negócio jurídico com forma ou efeitos próprios, mas se considerou como uma determinação de um fim prático que podia ser alcançado mediante negócios diversos. O aspecto essencial da doação era que diminuiria o próprio patrimônio do doador e enriqueceria o patrimônio do donatário.

Ainda não sendo considerada a doação como um negócio jurídico, e sim como o fim que podia se relacionar com qualquer outro negócio, o mesmo não chegou a ter um regime próprio. Sem embargo, criaram-se algumas regras gerais, para esse tipo de ato jurídico.

As doações *inter vivos* em Roma se definiram como uma liberalidade irrevogável, pela qual uma pessoa, o doador, se liberava voluntariamente de uma coisa ou de uma vantagem apreciável em dinheiro, em proveito de outra pessoa.

Quando uma doação *inter vivos* estava perfeita, o doador não podia revogá-la arbitrariamente, salvo em algumas ocasiões, por exemplo:

a) revogação por inexecução dos encargos: Aqui, uma doação podia ser feita de certo modo, ou seja, por encargos impostos ao donatário. Se o donatário não executava o que havia prometido, o doador tinha o direito de dissolver a doação.

b) revogação da doação do patrono ao *liberto,* pela qual a doação era revogável à vontade do doador.

As doações *mortis causa*, eram subordinadas à sobrevivência do doador (à morte do doador em certas circunstâncias), mas este tipo de doação também foi feita no caso de perigo especial iminente da vida do doador. Esta doação era revogável a favor do doador, como uma disposição de última vontade. Até sua morte, o doador era livre para mudar de parecer e revogar sua liberalidade. Esta revogabilidade podia ser renunciada pelo doador, através de uma cláusula expressa, constituindo, ainda, a liberalidade e a doação "*mortis causa*".

A doação *mortis causa* tinha as seguintes características:

1ª) Só surtia efeito e era definitiva com a morte do doador;

2ª) Caducava por morte anterior do donatário;

3ª) Era revogavél à vontade do doador, a não ser que houvesse uma cláusula em contrário.

Para se constituir este tipo de doação era necessário acudir aos procedimentos ordinários. Os procedimentos mais usados eram a *datio* ou uma estipulação.

---

94 LUDWIG Enneccerus. *Derecho de las Obligaciones*. Doctrina Especial. Barcelona: Bosch, vol 2, 1994. p 110.

No direito romano, as doações se estabeleceram também entre cônjuges e estas foram feitas durante o matrimônio. Esta doação teve uma desvantagem, porque um dos cônjuges podia aproveitar sua influência para obter da outra liberalidade e assim enriquecer-se às custas dele e por tal razão tiveram o caráter revogável. Esse tipo de doação foi proibido, e excepcionalmente ficaram estabelecidas certas liberalidades.

Igualmente, existiu a doação *propter nuptias* que foram doações feitas pela mulher ao marido ou por um terceiro, no momento do matrimônio. Estas doações eram revogáveis.

Mas, normalmente se admitiu, pelo costume, que entre o marido e a mulher não tinham validade as doações. Isto foi assim, para que o mútuo amor não se despojasse reciprocamente com doações, não moderadas, mas feitas entre ambos com dispendiosa facilidade.

A doação evoluiu controvertidamente e foi regulada como um modo de adquirir a propriedade.

No direito moderno, tem-se generalizado uma tendência distinta acerca da natureza da doação. Assim, existe uma tendência dos romanistas modernos, pela qual se considera a doação não como um fato jurídico, senão como uma causa genérica de atos e relações jurídicas diversas.

Por outro lado, se considera a doação como um contrato ou como um ato jurídico, que segue as regras dos contratos.

No direito romano distinguia-se a doação da compra e venta da seguinte maneira: *cum in venditione quis pretium rei ponit donationis causa non exacturus, non videtur vendere* (D., 18, 1, de *contrabenda emptione*, 36 Ulpiano). [Quando alguém, numa venda fixava preço da coisa e depois não lhe exigia, não se considerava que vendia].

Isto, pois, em apertadíssima síntese é o que se pode dizer dos contratos romanos, verdadeiros precursores do sistema contratual de quase todo o mundo moderno. Isto de *granus sales* é o que se pode dizer dessa nascente riquíssima de obrigações.

6.10.3. Os quase contratos

Quanto aos quase contratos, a técnica dos jurisconsultos romanos, focalizou figuras criadoras de obrigações, que se assemelhavam em muito aos contratos sobre os quais acabamos de falar, mas que deles diferiam fundamentalmente, pela ausência da "vontade" (de uma das partes).

Eram os fatos jurídicos voluntários, lícitos ou ilícitos (no nosso entender), ou involuntários. Assim, conheciam-se, entre outras, as seguintes figuras:

a) a gestão de negócios (ato jurídico lícito);

Na gestão de negócios, semelhante ao mandato, o gestor cuidava de assuntos de interesse de terceira pessoa, sem ter procuração (ou mesmo autorização) dessa pessoa. Por exemplo: "se alguém tivesse feito gestão nos negócios de um ausente, ainda que este o ignorasse, tinha ação por esta causa, por aquilo que ultimamentente tivesse gasto em coisa do ausente. O mesmo acontecia se o gestor tive-se obrigado a alguém em assuntos do ausente" (Gaio, 2).

b) enriquecimento sem causa (ato jurídico ilícito).

Por exemplo: *si quis negotia alterius, sive quis negotia, quae cuiusque cum is moritur fuerint, gesserit: iudicium eo nomine dabo* (D., 3, 5, *de negotiis gestis*, 3, pr. Ulpiano).

Pode-se conceber, ainda hoje, tal teoria. E acrescentar-se o testamento dentre tais figuras.

6.10.4. Os delitos

Os crimes dolosos são os intencionais (*delitos*) e os culposos os não intencionais, mas praticados com descuido (negligência, imperícia ou imprudência) daí a razão de terem estes últimos chegado a ser denominados pelos romanos como *quase delitos*.

Assim, pois, mais esta fonte inesgotável de obrigações. Os crimes, que nos tempos primitivos não eram objeto de punição pelo Estado, pois este deixava ao alvedrio da vítima a vingança que entendesse ela ser a adequada.

Com o passar dos tempos, essa vingança foi atenuada e surgiu a Lei de Talião, onde tal vingança era proporcional ao crime cometido (olho por olho, dente por dente), sendo certo que já ao final de República, foram os delitos classificados em públicos e privados. Aqueles do interesse e da alçada de punição por parte do Estado Romano, por exemplo, a traição ao Imperador, o homicídio, o incêndio, etc., e estes, do interesse e iniciativa dos ofendidos (com a atuação do judiciário, evidentemente por eles provocado), como por exemplo, o crime de dano injusto, furto, injúria, roubo, coação e *dolus malus*. Todos eles, além da pena, geravam obrigações de reparação do dano que representavam.

Assim, quando alguém praticava furto, arrebatava-se bens, causava-se dano, cometia-se injúria, surgia um tipo especifico de obrigação diferente daquelas nascidas dos contratos (Gaio, 3, 182).

A respeito, no direito romano estabeleceu-se a seguinte distinção: *is, cui ex stipulatu res debetur, furti actionem non habet, si ea subrepta sit, cum per debitorem stetisser, quo minus eam daret* (D., 47, 2, *de furtis*, 13, Paulo). [Aquele a quem, em virtude do estipulado, se lhe devia uma coisa, não tinha a *actio furti*];

Furto

Se chamava *furtum conceptum* quando era buscada e encontrada em poder de alguém a coisa furtada. Se chamava *furtum oblatum* (furto transmitido, oferecido) quando a coisa furtada era oferecida a ti por alguém, ainda quando não fosse ladrão.

Assim, o reo do furto era quem, com dolo, retinha a coisa alheia: *rur est qui dolo malo rem alienam contrectat* (Paulo, Sent., 2, 31, 1.).

Duas eram as classes de furto: manifesto e não manifesto (*furtum genera duo sunt, manifestum et nec manifestum*, Gio 2).

O furto manifesto era aquele descoberto quando se cometia, considerando-se também aquele que se descobre no lugar onde foi cometido, quando o ladrão não tivesse levado o objeto ao lugar destinado, ou quando o ladrão fosse descoberto tendo ainda a coisa. O não manifesto era aquele totalmente contrario às hipóteses descritas (Gaio, 3, 184-185).

Nessas circunstâncias cometia-se furto:

1°) "Não só quando alguém, para apoderar-se dela, se levava uma coisa alheia, mas, em geral, quando alguém retinha ou conduzia uma coisa alheia contra a vontade de seu dono" (Gaio, 3, 195-197).

2°) "Quando alguém usava a coisa objeto do depósito" (Gaio, 3, 195-197).

3°) "Quando alguém tivesse dado em comodato a outro o que ele recebeu para usá-lo (isto é, também em comodato) (D., 47, 2, de furtis, 55, 1, Gaio).

4º) "Quando alguém recebia uma coisa para usá-la e fazia um uso distinto dela" (Pulo, 1, 2).

Por exemplos:

a) "Quando alguém recebia uma baixela de prata para um jantar e a levava de viajem consigo" (Gaio, 3, 195-197);

b) "Quando se tomava em comodato um cavalo para satisfazer certo assunto e o comodatário o levase mais longe; ou ainda, noutro caso, a uma batalha" (Gaio, 3, 195-197).

Nesse sentido, aquele que usasse a coisa dada em comodato de modo diferente ao pactado, só cometia furto se se entendesse que o fazia contra a vontade do dono; pois se se entendesse que, de conhecê-lo o dono o permitiria, o ato se considerava fora do furto. Esta excelente distinção nos informa que não se cometia furto sem dolo.

Igualmente, como medida extrema se estabeleceu que: *si nox furtum faxsit, si im occisit, iure caesus esto* (Lei das XII Tábuas, 8, 12-13). [Se alguém que cometia furto noturno era morto, era morto com direito].

A pena do furto manifestada na lei das XII Tábuas, era a capital, pois o ladrão que era homem livre era apanhado, entregando-se-lhe por *addictio* do magistrado àquele de quem teria furtado (Gaio, 3, 189).

Dano

Se com dolo se houvesse causado algum dano, ou se teria arrebatado os bens de alguém, se dava ação contra aquele que teria cometido o ato: *si cui dolo malo hominibus coactis damni quid factum esse dicetur sive cuius bona rapta esse dicentur, in eum, qui id fecisse dicetur, iudicium dabo. Item si servus fecise dicetur, in dominum iudicium noxale dabo* (D., 47, 8, *vi bonorum raptorum*, 2, pr. 1, Ulpiano).

Dessa forma, o pretor velou contra o que se comete pela força. Se alguém poderia provar que sofreu violência, poderia exercitar a ação pública de *vi,* por exemplo: *si membrum rupsit, ni cum eo pacit, talio esto* (Lei das XII Tábuas, 8, 2). [Se houvesse fraturado um membro, a não ser que com ele se pactasse, tinha lugar a Lei do Talião].

De qualquer forma, a Lei Aquilia revogou todas as leis que com anterioridade a ela trataram do dano injusto, tanto da XII Tábuas, quanto algumas outras que também existiram A Lei Aquilia era um plebiscito, pois foi proposta à plebe por Aquilio, *tribunus plebis*. Segundo o capítulo terceiro dessa lei se estabelecia que: "enquanto as demais coisas, fora do escravo e dos gados, se alguém fizer dano a outro queimando, destruindo, ou quebrando injustamente, seja condenado a pagar ao dono tanto quanto a coisa vale-se nos trinta dias próximos" (D., 9, 2, *ad legem Aquiliam*, 1 Ulpiano).

Injúria

Se cometia injúria, não só quando, por exemplo, fosse golpeado alguém com o punho ou com um pão, ou açoitado, mas também quando fosse ultrajado a vozes, ou quando alguém fizesse pregoar os bens de outro como se fosse seu devedor, ainda sabendo que nada lhe devia; ou quando alguém escreve contra outro, libelo ou verso para difamá-lo, ou quando alguém cortejasse a uma *materfamilias* ou a uma menor de dezessete anos (*praetextutus*, vestido com a *praetexta*) (Gaio, 3, 220-222).

Assim, se cometia injúria, ou pela coisa, ou pela palavra: pela coisa quando se empregavam as mãos; pelas palavras, quando não se empregavam as mãos, mas se ofendia a vozes (Ulpiano, 1, 1-2).

A injúria, ou era inferida ao corpo, ou se referia à dignidade ou à mã fama: se lhe fazia ao corpo quando era golpeado alguém. Também podia ser manifestada contra a dignidade e a infâmia (quando se atenta ao pudor).

Se cometia também injúria contra os filhos, submetidos à potestade; contra as mulheres que estavam submetidas à *manus*.

Do ponto de vista da sanção, quem causava injúria a outro, tenha pena de vinte cinco (asses): *si iniuriam alteri faxsit viginti quinque poenae sunto* (Lei das XII Tábuas, 8, 4.).

6.10.5. Os quase delitos

O quase delito significa, tanto no direito romano, quanto no direito moderno, como já se disse acima ação ou omissão, através da qual, ainda que prejudicasse a alguém, não estava presente a intenção do dano, por ser resultado da negligência, imprudência ou imperícia do causador.

Como afirma José Carlos Moreira Alves, "não podiam os romanos deixar de levar em consideração a existência de inúmeros outros atos, como por exemplo, os cometidos no curso de processo judicial, ou a violação da sepultura"[95].

Assim, no direito romano se criaram diversas regras pelas quais se sancionaram condutas que, de maneira absoluta, não chegaram a constituir delitos, tais como:

a) O processo mal julgado pelo juiz;

Caso em que o juiz, quando com dolo, profere sentença em fraude de lei (sentença prejudicando a uma das partes), se obriga a responder pela verdadeira quantia do pleito, como se observava na seguinte regra: *iudex tunc litem suam facere intellegitur, cum dolo malo in fraudem legis sententiam dixerit (dolo malo autem videtur hoc facere si evidens arguatur eius vel gratia inimicitia vel etiam sordes), ut veram aestimationem litis praestare cogatur*" (D., 5, 1, *de iudiciis ubi quisque agere,* 15, 1 Ulpiano)

b) Coisas atiradas e que atinge um transeunte;

Já se conhecia no direito romano a importante regra referida à responsabilidade civil pela queda ou lançamento de coisas dos pisos superiores (D., 9, 3, *de his qui effuderint*, 1, pr. Ulpiano), e que ainda têm vigência nas legislações civis contemporâneas. Observe-se as seguintes regras:

1ª) Se vários habitarem o mesmo andar, de onde se atirou algo, se daria esta ação contra qualquer deles, pois realmente era impossível saber quem causou o dano: *si plures in eodem cenaculo habitent, unde deiectum est, in quemvis haec actio dabitur* (D., 9, 3, *de his qui effuderint*, 1, 10 Ulpiano);

2ª) Se se estabelecesse ação contra um, ficariam livres os demais (D., 9, 2 Gaio e *et quidem in solidum: sed si cum uno fuerit actum, certeri liberabuntur* e D., 3 Ulpiano).

3ª) Quando se tivesse lesionado o corpo de um homem livre com aquilo que se atirou ou derramou, o juiz computava os honorários pagos ao médico, os demais gastos que se fizessem na cura, e o importe do trabalho do qual esteve privado a vítima. Não se fazia estimação alguma sobre as cicatrizes ou deformidades, pois o corpo de um homem livre não admitia estimação: *cum liberi hominis corpus ex eo, quod deiectum effusumve quid erit, laesum fuerit, iudex computat mercedes medicis praestitas ceteraque impediae, quae in curatione facta sunt, praeterea operarum, quibus caruit aut cariturus est ob id, quod inutilis*

95 MOREIRA Alves, José Carlos. *Direito Romano*. 5. ed. Rio de Janeiro: Forense, 1995, t 2, p 275.

factus est. Cicatricium autem aut deformitatis nulla fit aestimatio, quia liberum corpus nullam recipit aestimationem (D., 7 Gaio).

Constata-se, aqui, a inexistência, em Roma, da responsabilidade pelo dano estético, hoje consagrada na maioria das legislações.

c) Objeto suspenso sobre a via pública;

A ameaça aos transeuntes que constitui o objeto suspenso sobre a via pública, era também sancionada, de maneira que qualquer pessoa tinha direito de mover ação popular contra o *habitator*.

Assim, "a qualquer pessoa que verificasse que tinha sido colocado ou pendurado objeto em edifício, havendo possibilidade de cair e causar dano aos transeuntes, concedia-se ação – a *actio de positis et suspensis*, criada pelo pretor como ação popular- contra o *habitator* (tivesse ou não culpa na colocação do objeto), para obrigá-lo a pagar, a título de pena, 10.000 sestércios (equivalentes a 10 áureos, no tempo de Justiniano)[96].

d) Prejuízos causados às coisas alheias por prepostos.

Conhecia-se da relação estabelecida entre o patrão e o preposto (empregado), regulamentando-se que se considerava que o capitão de uma nave ou quem estava defronte a uma pousada ou hospedaria, estava obrigado pelos danos ou pelo furto que se fez na nave, pousada ou hospedaria: *item exercitus navis aut cauponae aut stabuli de damno aut furto, quod in nave aut caupona aut stabulo factum sit, quasi ex maleficio reneri videtur, si modo ipsius nullum est maleficium, sed alicuius eorum, quorum opera navem aut cauponam aut stabulum exerceret: cum enim neque ex contractu sit adversus eum constituta haec actio et aliquatenus culpae reus est, opera malurum hominum uteretur, ideo quasi exmaleficio teneri videtur* (D., 44, 7, *de obligationibus et actionibus*, 5, 6 Gaio).

Quer dizer que: "o intendente de um navio, hospedaria ou estábulo era responsável, ainda que não houvesse convenção nesse sentido, pelos furtos e danos, praticados por seus propostos, com relação às coisas de seus clientes"[97]. (Note-se que já se conhecia desses tipos de contratos de serviços e note-se o embrião da responsabilidade objetiva)

96 Ibid., p 277.

97 Ibidem.

Capítulo 7

Relações Jurídicas de Família (*Status familiae*)

O termo família historicamente teve diversos significados, podendo-se entender como: "grupo de pessoas", "comunidade de vida e de bens" ou "célula elementar da sociedade".

No direito romano o centro das diversas acepções da palavra família está na personalidade do *pater familias* e a férrea concepção de sua potestade, enquanto vivo, que tira dos descendentes, toda capacidade de possuir e adquirir filhos, escravos, homens e coisas[98].

Conhecia-se como único limite do *pater familias*, a impossibilidade de matar o filho sem que ele tivesse sido ouvido. Assim, devia ter sido acusado ante o prefeito ou o presidente da província.

O *filius familias* não podia doar ainda que tivesse a livre administração do pecúlio. Não podia manumitir um escravo sem o mandato do pai; fazendo-se liberto ou manumitido do *pater* (D., 39, 5 de donationibus, 7, pr. Ulpiano).

A família romana se considerou como um conjunto de sujeitos os quais descendiam de uma mesma pessoa, que é o chefe da mesma, dando-se-lhes o título de *pater familias* ao membro procriador ou progenitor.

Chamou-se família de direito próprio, às várias pessoas que estavam sujeitas à potestade de um pater, natural ou juridicamente; assim, o chefe de família, a mãe, o filho, a filha e os demais que a estes seguem (netos, netas, etc.).

Era chamado chefe de família a quem tinha o domínio em casa ainda que não tivesse filhos. Neste sentido os romanos diziam: *In potestate nostra sunt liberi nostri, quos ex iustis nuptiis procreaverimus* (I., 1, 9, pr)

Ao morrer o chefe de família, todas as pessoas submetidas a ele, passavam a ter famílias isoladas e cada um deles recebia a denominação de chefe de família. Saiam, ademais, da patrio poder os filhos de sexo viril quando eram consagrados *flamines* de Júpiter, e as de sexo feminino, quando eram escolhidas para virgens vestais.

A família era o mais restrito dos organismos sócio-políticos. As mães, tanto ingênuas como libertas, cidadãs romanas para conseguirem o *ius liberorum,* deviam dar à luz três ou quatro filhos vivos e de tempo completo.

O adotado emancipado conservava quantos direitos tivesse fundados na cognação ou na afinidade, mas perdia os direitos de agnação. Na família, à qual chegasse por adoção, ninguém era seu parente, exceto o pai.

7.1. O casamento

No exame dos modos de aquisição da potestade, o matrimônio tem uma dupla importância: em primeiro lugar por coincidir na antigüidade e também na época clássica, com a aquisição em forma de potestade, que se chama *manus*; em segundo lugar, como principal fundamento, em toda a época do direito romano, da família *proprio iure*, isto é, como pressuposto da patria potestade[99].

---

98 ARANGIO-RUIZ, Vincenzo. *Instituciones de Derecho Romano*. 10. ed. Tradução de la edición italiana por José M. Caramés Ferro. Buenos Aires: Depalma, 1986, p 477.

Verifica-se na história do direito que o casamento, em Roma, foi sempre monogâmico, mas havia duas formas de casamento entre romanos: 1) *in manu*; e 2) *sine manu*.

O matrimonio, no mais antigo direito romano era um ato ou fato jurídico em virtude do qual uma mulher, *sui* ou *alieni iuris*, saía da família de origem e entrava em uma nova família, em condição de submetida e com a particular função de procriar, ao chefe de família ou a um de seus súditos livres, uma descendência legítima[100].

Quando a mulher ficava submetida à *manus* do marido, tudo o que era dela passava ao marido por razão do dote.

Casada *sine manu*, a mulher não se sujeitava ao marido ou ao *pater* deste, se por acaso o marido não fosse, também, *pater*. Se *sui juris*, continuava independente do marido e do *pater*, se *alieni juris*, continua sujeita ao *pater* da *domus* de origem. Mas na época clássica, era a única forma de casamento legítimo.

Definia-se o casamento da seguinte maneira: *nuptiae sive matrimonium est viri et mulieris conjunctio, individuam consuetudinem vitae continens* (I., 1, 9, de patria potestate, 1). [União de homem e de mulher formando uma indivisível vida em comum].

Assim, núpcias eram a união do varão e da fêmea e consórcio de toda a vida, comunidade de direito divino e humano. Assim, núpcias ou matrimônio, eram a união de um homem e de uma mulher que levava em sí um regime inseparável de vida.

As núpcias simuladas eram nulas e assim se estabelecia: *simulatae nuptie nullius momenti sunt* (D., 23, 2, *de ritu nuptiarum*, 30, Gaio).

Podiam contrair núpcias os cidadãos romanos que se uniam segundo os preceitos legais, sendo púberes os homens e núbiles as mulheres, desde que já fossen chefes de famílias ou *filiifamilias*, de tal maneira que os *filiifamilias* tivessem o consentimento dos ascendentes em cuja potestade estivessem (I., 1, 10, *de nuptiis*, pr.).

"Entendia-se que o adolescente já era homem quando completasse 14 anos; e que a adolescente já era núbil, por volta de 12 anos, ou quando já tivesse a primeira menstruação. Idade superior a 14 e 12 anos, respectivamente, não impedia o casamento, até os 60 anos, para homens, e 50 anos, para mulheres"[101].

De qualquer sorte, "o casamento *sine manu* causou problemas sérios de ordem jurídica e de ordem moral, prejudiciais ao casal e à sociedade romana.

A mulher entendia que não tinha obrigação de coabitar com o marido porque não lhe estava sujeita, e, então, passava a morar na casa do *pater* de origem ou na do seu pai.

Os maridos não tinham ação para pleitear a coabitação de suas mulheres porque, casadas *sine manu*, não lhes estavam sujeitas.

Providenciaram, então, junto ao pretor, um interdito, no uso do *imperium*, de *uxore exhibenda et ducenda*, para que a esposa fosse exibida e conduzida ao lar do casal.

Outrossim, entendiam as esposas que, não sujeitas ao marido, não tinham o dever ético-moral da fidelidade sexual àquele.

Para coibir a dissolução moral de Roma, por causa dessas situações, Augusto baixou a *Lex Julia de adulteriis coercendis*, lei visando coibir adultérios.

---

99 Ibid., p 487.

100 Ibidem.

101 Ibid., p 42.

Dispunha essa Lei que, se a mulher fosse flagrada em adultério, seu marido conduzi-la-ia ao seu *pater*, que a julgava, chegando a condená-la à pena de morte e, também, ao seu cúmplice, se este fosse apanhado em flagrante adultério"[102].

Se permitia tomar como mulher à filha de um irmão. Esse uso se implantou depois de se casar o divino Cláudio com Agripina, filha de seu irmão. Não se permitia, no entanto, tomar como mulher à filha de uma irmã, nem à tia paterna ou materna (Gaio, 1, 62).

O filho emancipado podia, ainda sem o consentimento do pai, tomar mulher para desposar, e o filho que tivesse tido, seria seu herdeiro (Modestino, 25).

Era ilícito contrair matrimônio com sua filha, neta, bisneta, mãe, avô, bisavô e, da linha colateral, com a tia paterna, materna, irmã, filha de sua irmã, neta nascida desta, nem tampouco os afins com enteada, madrasta, nora e sogra (C., 5, 4, *de nuptiis*, 17, Diocleciano e Maximiano).

Entre os escravos e livres não se podia contrair matrimônio (Paulo, Sent., 2, 19, 6). Proibiu-se aos senadores e a seus filhos tomar como mulheres as libertas, às que se dedicassem à arte cênica ou as que vendessem o corpo (Ulpiano, Regl., 13, 1.).

Nenhum judeu podia receber em casamento a mulher cristã; nem o cristão podia obter em casamento mulher judia, sendo-se considerada essa contravenção como adultério, dando-se liberdade ao público para acusar (C., 1, 9, *de iudaeis et caelicolis*, 6, Valentiniano e Teodosio).

7.2. O divórcio

O matrimônio se extinguia pelo divórcio, pela morte, pelo cativeiro ou outra contingente escravidão de qualquer dos cônjuges: *dirimitur matrimonium divortio morte captivitate vel alia contingente servitute utrius eorum* (D., 24, 2 divortiis et repudiis, 1, Paulo).

Nenhum divórcio era válido, se não se apresentassem sete cidadãos romanos púberes, ademais do liberto por quem se estabelecia o divórcio (D., 9, Paulo).

Na renúncia ao matrimônio se admitiram estas palavras: "tenha para você tuas coisas", e também "faz gestão de seus assuntos" (Gaio, 2, 1.).

Sendo efetuado o divorcio, se a mulher era *sui iuris*, tinha *actio rei uxoriae*, isto é, a repetição dos dotes; se estivesse submetida a pátrio poder, o *pater*, tinha a *actio uxoriae.*

7.3. A tutela

A tutela (*de tueor, tuéris, tutus sum, tuéri= guarda, proteção*) é o instituto do direito civil romano que tem por objetivo a proteção da pessoa e, principalmente dos impúberes dos dois sexos e das mulheres *sui juris*[103].

A tutela era tida como um direito ou potestade sobre uma pessoa livre, dado e permitido pelo *ius civile* para proteger a quem pela sua idade não podia se defender: *ius ac potestas in capite libero ad tuendum eum, Qui propter aetatem se defendere nequit, iure civile data ac permissa* (I., 1, 13, *de tutelis*, 1.).

Pela Lei das XII Tábuas eram confirmados os tutores que eram dados nominalmente por testamento, com as seguintes palavras: "Como despoje-se sobre o dinheiro e a tutela de seu patrimônio, assim é o direito; tutores que são chamados dativos" (Ulpiano, Regl., 11, 14).

---

102 NETO Abid. *Curso de direito Romano. Letras e Letras*, 1993, p 41.

103 CRETELLA, Júnior J.Op. cit., 138.

Daqui a origem da especialização da hipoteca legal, oferecida judicial e obrigatoriamente pelo tutor, em garantia da boa administração dos bens do tutelado.

Podia dar-se tutor a uma mulher que estava na *manus*, assim como à mulher, também à nora, que estava na *manus* do filho, bem como ainda, à neta (Gaio, 1, 148-149).

Estabelecia-se, pois, a tutela, tanto para os homens impúberes, em razão da fragilidade da idade, quanto às fêmeas, púberes e impúberes, pela razão da fraglidade do sexo e da ignorância dos assuntos forenses.

Segundo a tradição romana, se dava tutor da seguinte maneira:

"Dou para meus filhos, ou bem para minha mulher, Titio seja tutor, se entende dado retamente". Veja-se na seguinte expressão latina: *rectissime autem tutor sic dari potest: L. TITIUM LIBERIS MEIS TUTOREM DO. Sed et si ita scriptum sit: LIBERIS MEIS VEL UXORE MEAE TITIUS TUTOR ESTO, recte datus intellegitur*" (Gaio, 1, 148-149).

O pai podia dar tutor ao filho, instituindo-lhe herdeiro ou deserdando-o; mas a mãe só podia dar-lhe ao instituído (D., 4, Modestino).

A tutela legítima, pela Lei das XII Tábuas, foi deferida àqueles que foram admitidos na herança legítima: aos agnados, consangüíneos e patronos (D., 26, 4, *de legitimis tutoribus*, 1, pr, Ulpiano).

As mulheres que, perdidos seus maridos, pediam a tutela de seus filhos para administrar os negócios, antes que legalmente lhes chegasse a confirmação, deviam comprometer-se em ata e prestando juramento, que não passariam a outras núpcias (C., 5, 35, *quando mulier tutelae officio fungi potest*, 2, pr, Valentiniano, Teodosio e Arcadio).

Existiam, sem embargo, proibições para o exercício do cargo de tutor, como por exemplo:

1.- O mudo não podia ser dado como tutor, porque não podia prestar sua *auctoritas*: *Mutus tutor dari non potest, quoniam auctoritatem praebere non potest* (D., 26, 1, de tutelis, 1, 2-3, Paulo);

2.- O maior de setenta anos podia escusar-se da tutela (e também da curatela, a ser analisada a seguir): *item maior septuaginta annis a tutela vel cura se potest excusare* (I., 1, 25, *de excusationibus*, 13-14);

3.- Os menores de vinte e cinco anos também, em algum tempo se escusavam: *minores autem viginti et quinque annis olim quidem excusabantur* (I., 1, 25, *de excusationibus*, 13-14).

7.4. A curatela

Segundo nos ensina Cretella Júnior, a curatela (de "cura" + o sufixo, do verbo curare = cuidar, olhar, velar) era o instituto do direito civil romano que tinha como objetivo a proteção e assistência das pessoas físicas incapazes, ou seja, das pessoas loucas, pródigas e menores púberes (entre 14 e 25 anos).

Os loucos, continua o citado autor, eram designados como *furiosus* (louco que alterna períodos de lucidez como crises de loucura) e "mente captus", "demens" ou "insanus" (louco permanente, sem intervalos de lucidez); os pródigos eram as pessoas "*sui juris*" que dilapidavam, em prejuízo dos filhos, o patrimônio recebido por sucessão legítima dos parentes paternos.

Igualmente aos 25 anos o homem atingia, em Roma, a plena capacidade jurídica, mas antes disso é menor, incapaz e, portanto, sujeito à tutela[104].

Os jovens púberes, no entanto, recebiam curadores do décimo quarto ao vigésimo quinto ano, porque, ainda que fossem púberes, ainda estavam na idade em que não podiam cuidar de seus negócios. Assim, os curadores eram nomeados pelos mesmos magistrados que nomeavam os tutores, mas não se nomeava curador por testamento, e sim pelo pretor ou presidente (I., 1, 23, de *curatoribus*, pr. 1).

Algumas vezes também recebiam curadores os pupilos, como por exemplo, se não fosse idôneo o tutor legítimo, porque o tutor não se podia dar a quem já o tinha. Igualmente, quando o tutor designado por testamento ou pelo pretor não fosse idôneo para a administração, ainda que não administrasse fraudulentamente os negócios, podia-se agregar à dita administração um curador.

Também nomeavam-se curadores nos casos em que os tutores se escusavam da tutela, não perpétua ou temporal.

Ao se descobrir o dolo do tutor ou do curador, estes eram condenados no dobro do dinheiro que pretendiam defraudar do menor.

7.5. Adoção

Não só estavam submetidos à potestade os filhos que o eram por natureza, mas também aqueles que eram adotados (Gaio, I, 97-99).

A adoção se fazia de duas maneiras:

a) Pela autoridade do povo;

b) Pelo império de um magistrado (o pretor).

Pela autoridade do povo eram adotados aqueles que eram *sui iuris*; essa classe de adoção era chamada de *arrogatio*, porque se propunha, ou melhor, se interrogava a quem adotava, no sentido de informar se desejava que a quem se fosse adotar fosse filho legítimo seu; e a quem era adotado, se lhe interrogava se para se verificar se consentia com dito ato; e igualmente se interrogava o povo para saber se este autorizava a adoção. Hoje, *arrogatio*, pode ser equiparada à adoção dos maiores de 21 anos, celebrada mediante escritura pública.

Por meio do pretor ou do presidente da província poderiam ser adotados tanto os homens como as mulheres, e tanto os púberes como os impúberes. Igualmente, por designação do príncipe, as fêmeas podiam ser arrogadas; no entanto, não por mediação do povo romano.

104 Ibid., p 143-146.

Capítulo 8

Relações Jurídicas Sucessórias (*Jus Successionum*)

O direito hereditário romano em seus primórdios, representava a designação, não de um adquirente do patrimônio, senão de um sucessor na soberania, nomeado pelo *pater familias*, para o tempo que seguisse sua morte.

Neste sentido, os romanos estabeleceram que: *hereditas nihil aliud est, quam successio in universum ius quod defunctus habuerit* (D., 50, 17, *de diversis regulis*, 62, Juliano). [A herança era a sucessão em todo o direito que o defunto tivesse, sendo o herdeiro da mesma faculdade e direito que o defunto].

Assim, com o nome de *hereditas* os romanos designaram duas coisas diferentes:

1°) O conjunto de bens pertenecentes a um defunto, no momento que são entregues a um ou vários herdeiros que ocupam o seu lugar;

2°) A situação jurídica daquele que, com a morte de alguém (cidadão), pela aplicação dos preceitos do *ius civile*, ocupa seu lugar no conjunto das relações jurídicas transmissíveis[105].

A herança romana primitiva não teve a finalidade de transmitir o patrimônio, mas a de transmitir os poderes que constituíam a soberania sobre a família, concebida esta como organismo político[106].

A *res mancipi*, o testamento, a herança, entre outros exemplos, faz sentir que têm como causa o modo de vida familiar de Roma e o sistema geral sucessório usado no povo romano.

Ao morrer o *pater familia*, os *agnados* (todo aquele que estavam sujeito a uma mesma potestade), se mantenham unidos depois de sua morte.

O herdeiro sucedia em todos os direitos do defunto, não só no domínio das coisas concretas, mas também naquelas que consistiam em créditos que também a eles se transmitia: *heres in omne ius mortui, non tantum singularum rerum dominium succedit, cum et ea, quae in nominibus sint, ad heredem transeant* (D., 29, 2, *de adquirenda vel omitt. Hereditate*, 37, Pomponio)

A herança tinha um significado jurídico ainda que não existisse coisa corporal (D., 5, 3, *de hereditatis petitione*, 50, pr., Papiniano).

A denominação de herança abarcava também a gravosa, e representava não a pessoa do herdeiro, mas a do defunto, segundo o *ius civile* (D., 50, 16, *de verborum signif.*, 119, Pomponio).

Se entendia que o herdeiro sucedeu ao defunto já desde sua morte, qualquer que fosse esse momento: *heres quandoque adeundo hereditatem iam tunc a morte successisse defuncto intellegitur* (D., 29, 2, *de adquirenda vel omitt. Hereditate*, 54, Florentino).

O nascido dez meses depois da morte (do pai) não era admitido na herança legítima: *post decem menses mortis natus non admittetur ad legitimam hereditate* (D., 38, 16, de *suis et legitimis heredibus*, 3, 11, Ulpiano)

105 ARANGIO- RUIZ, Vincenzo. Op. cit. p 573.

106 BONFANTE, Pietro. Op. cit., p 208.

A instituição da herança conservava a pessoa, não ao herdeiro, mas ao defunto, como se demostrava nos múltiplos argumentos do direito civil: *hereditas enim non heredis personam, sed defuncti sustinet, ut multis argumentis iuris civilis comprobatum est* (D. 41, 1, *de adquirendo rerum dom.*, 34, Ulpiano)

Em questões referentes à herança, o co-herdeiro devia responder, não somente por dolo, mas também por culpa.

Conheciam-se duas modalidades de heranças:

1ª) Testamenteira (por testamento, sucessão testada);

2ª) Ab intestato.

8.1. A sucessão por testamento (sucessão testamentária)

No direito romano, o testamento era a justa expressão da vontade respeitantemente àquilo que cada um quisesse que fosse feito depois da morte (D., 28, 1, *qui testamenta facere possunt*, 1, Modestino). Assim, era a justa declaração da vontade feita com solenidade a fim de fazê-la valer depois da morte (Ulpiano, Regl., 20,1.).

O testamento foi considerado como o ato mais solene da vida romana, e se o cidadão não o fizesse ante os comícios por cúrias (*testamentum calatis comitiis*), poderia fazê-lo ante o exército alienado em campanha (*testamentum in procinctu*)[107].

A historia conheceu duas classes de testamentos (Gaio, 2, 101-104):

a) os que se faziam em paz e calma nos comícios convocados (que se celebravam duas vezes por ano);

b) os que se faziam em ordem de guerra ou batalha (quando por causa de guerra se tomavam as armas).

Com o passar dos tempos, se agregou uma terceira classe de testamento, o qual se praticava pelo metal e a balança.

Quem não tinha feito testamento nem nos comícios convocados nem na ordem de batalha, e se se encontrava em perigo de morte pronta, podia dar por *mancipatio* a um amigo sua fazenda (patrimônio), expressando-lhe o que queria que fosse dado a cada um depois de sua morte. Esse tipo de testamento se chamava *per aes et libram*, porque se fazia pela *mancipatio*.

Na evolução do direito romano, ao cair em desuso as duas formas iniciais de testamentos, subsistiu aquele que se fazia com o metal e a balança.

Igualmente, ditas formas de testamentos se referiam ao *ius civile*. Posteriormente foi introduzida por edito do pretor outra forma de fazer testamento, pois pelo *ius honorarium* não se requeria a *mancipatio,* só bastavam os selos de sete testemunhas. Saiba-se que para o *ius civile* os selos não eram necessários.

8.1. Limitações para fazer testamento

Existiam limitações para fazer testamento, por exemplo:

1º) O impúbere, ainda que fosse *sui iuris*, não podia testar, pois não tinha pleno juízo de sua inteligência (Ulpiano, Regl., 20, 12).

---

107 Ibid., p 209.

2°) O *filius familiae* não podia fazer testamento, porque não tinha nada próprio (Ulpiano, Regl., 20, 10).

O *filius familiae* militar, num tempo posterior, podia fazer testamento no tocante ao pecúlio que adquiriu no acampamento.

3°) O latino não podia fazer testamento por não poder testar como cidadão romano e lhe faltar, portanto, o *status civitatis.*

Em suma, o *filius familias* no direito romano, era incapaz de fazer testamento, ainda que tivesse o consentimento do *pater familias*. Esta norma se referia à primitiva função do testamento, na medida em que o *filius familias* não podia transmitir a soberania que não possuía[108].

8.1.1. Validade do testamento

O testamento não era considerado jurídico se lhe faltassem as solenidades jurídicas. Quando houvessem sido cortadas as fitas que tivessem sido atadas às tabelas do testamento, por outros contra a vontade do testador, podia-se pedir a *bonorum possessio;* mas se tal tivese sido feito pelo próprio testador, não se consideraria selado, e portanto, não se podia postular a *bonorum possessio*.

Também, por um testamento posterior, juridicamente perfeito se fazia ineficaz o anterior.

O testamento daquele que estivesse em poder dos inimigos, não tinha validade, ainda que já houvesse retornado. Pelo contrário, o testamento que se tivesse feito no território romano, era válido estivesse ou não ali o "de cujus".

Foram concedidos privilégios aos militares, para que os testamentos feitos por eles, de qualquer modo, fossem válidos.

8.1.2. Os legados

No direito romano os legados eram tidos como uma doação deixada pelo defunto: *legatum itaque est donatio quaedam a defuncto relicta* (I., 2, 20, *de legatis*, 1). Era a separação de uma porção da herança, pela que o testador dispunha que, da totalidade da herança, se desse essa parte determinada a uma também determinada pessoa (D., *de legatis*, 1, 30, 116, pr. Florentino).

Existiam quatro formas de legados (Ulpiano, Regl., 24, 2-3):

a) por vindicação (*per vindicationem*), pela qual se legavam com as seguintes palavras: "Dou, lego, pegue e tome, tenha para si";

b) por comunicação obrigatória (*per damnationem*) ou cominação obrigatória se legava com as seguintes palavras: "Meu herdeiro seja obrigado a dar, de, faz, mando a meu herdeiro dar";

c) a modo de permissão (*sinendi modo*), se legava com as seguintes palavras: "Seja obrigado meu herdeiro a permitir a Lucio Ticio tomar aquela coisa e tê-la para si";

d) por separação prévia (*per praeceptionem*) se legava deste modo: "Lucio Ticio antecipasse a tomar aquela coisa".

---

108 Ibid., p 210.

Ao se legar os alimentos, se devia a comida, o vestido e a habitação, pois sem eles não se podia alimentar o corpo. O que fazia referência à educação não estava compreendido no legado.

8.2. A sucessão intestada

Entenda-se intestado, quem não fez testamento, ou não o fez legalmente, pelo que foi anulado ou ineficaz, e pelo que ninguém chega a ser herdeiro em virtude dele: *intestatus decedit, qui aut omnimo testamentum non fecit aut non iure fecit aut id quod fecerat ruptum irritumve factum est aut nemo ex eo heres extitit* (I., 3, 1, *de hereditatibus quae ab intestato deferentur*, pr.).

Segundo Bonfante[109], "ao contrário do que ocorre em nossos dias, o cidadão romano tinha horror de morrer intestado", pois ao morrer intestado o patrimônio passava para o agnado mais próximo; e se não existesse agnado o patrimônio passava ao gentis.

Ao morrer intestado o *filius familias,* seus bens se deferiam ao pai, não como herança, mas como pecúlio. Se fez testamento, o pecúlio castrense se tinha como herança.

Os graus de cognação eram contados de forma ascendente, descendente e colaterais. A cognação superior é a dos ascendentes; inferior a dos descendentes; transversal (colateral) as dos irmãos e irmãs e procriados deles, a do tio e a tia materno(a) e paterno(a).

A cognação superior e inferior começa realmente no primeiro grau, mais a transversal desde o segundo grau.

No primeiro grrau ascendente estão o pai e a mãe; descendente o filho e a filha. O segundo grrau ascendente o avô e a avó; descendente, o neto e a neta; colateral, o irmão e a irmã.

Se o agnado mais próximo desdenha a herança ou morre antes de recebê-la, nada desse direito lhe compete, nem aos agnados seguintes.

A divisão *ab intestato* se dividiu em várias partes fazendo-se vários chamamentos (D., 38, 6, *si tabulae testamenti nullae extab.*, 1, pr. 1, Ulpiano):

1º) Os descendentes;

2º) Os herdeiros legítimos;

3º) Os cognados;

4º) O marido e a mulher.

Portanto, se existisse algum descendente, de qualquer sexo ou grau, seria anteposto a todos os ascendentes e cognados colaterais.

Para deserdar a um filho devia ser feito nominalmente e não de outro modo.

Aos herdeiros filhos e ascendentes lhes era permitido acusar de inoficioso o testamento.

A mulher sobre a qual recai indício de desonra, nem por testamento militar podia receber coisa alguma.

Os herdeiros assim eram chamados de:

a) necessários, ou *sui*;

b) necessários, ou estranhos.

---

109 Ibid., p 209.

Herdeiro necessário era o escravo instituído herdeiro com concessão de liberdade. Chamava-se assim, porque era de todas as maneiras livre e herdeiro, imediatamente depois da morte do testador.

O herdeiro *sui* e necessário eram, por exemplo, os filhos ou as filhas, o neto ou a neta nascidos do filho e assim por diante, sempre que estivesse debaixo da potestade de quem morresse.

Um princípio fundamental da sucessão romana era a incompatibilidade da sucessão testamentária com a intestada. Se alguém outorgava testamento instituindo herdeiro, em um terço ou em um quarto de seu patrimônio, o herdeiro instituído adquiria este em sua totalidade e não se chamava para nada aos sucessores *ab intestato.* O princípio se formula num adagio célebre: *nemo pro parte testatus pro parte intestatus decedere potest*[110]. Este foi outro exemplo de que, em uma época, o testamento romano só transmitia a soberania.

110 Ibid., p 210.

Capítulo 9

Processo Civil Romano (*Jus Actionum*)

Do ponto de vista processual se estabeleceram regras para evitar o exercício arbitrário do direito.

Para os romanos, diz Cretella Júnior, "o vocábulo *Jus* encerra, também, o sentido que os modernos emprestam ao direito subjetivo, ou seja, à faculdade ou poder permitido e garantido pelo direito positivo. O direito recebe tutela e atuação através de órgãos do Estado, segundo normas estabelecidas pela lei. Aos poucos se organiza e se aperfeiçoa um mecanismo, denominado processo, que compreende um conjunto de atos para a proteção do direito. Trata-se de funções essencialmente instrumentais"[111].

No mundo processual o gênio romano criou regras que os particulares precisavam cumprir para obter o fim desejado na ordem jurídica. Para obterem dito fim, e como os cônsules foram reclamados pelas guerras e não existia quem poderia administrar justiça na cidade, se determinou que se criasse ademais um pretor, que se chamou de urbano, pois declarava o direito na cidade; assim se conhece o seguinte texto latino: *cumque consules avocarentur bellis finitimis neque esset qui in civitate ius reddere posset, factum est, ut praetor quoque crearetur, qui urbanus appellatus est, quod in urbe ius redderet* (D., 1, 2, *de origine iuris*, 2, 27-28, Pomponio)

Posteriormente, não sendo suficiente aquele pretor, porque acudia à cidade um grande número de estrangeiros, se criou outro pretor, que se chamou de *peregrinus*, em razão do que administrava justiça entre os *peregrini*.

Quando existiam conflitos, se o credor, sem autoridade do juiz, ocupava-se de bens do devedor, estava sujeito à lei (*Iulia de vi*), e por isso era multado com a terceira parte de seus bens.

O credor com documento escrito, se se apoderava, pela força, de coisas de seu devedor, tal como penhor, sem ordem do pretor, violava a *lex Iulia de vi privata*. No entanto, a ele não se proibia perseguir, ainda que sem autorização do juiz, as coisas dadas em *fiducia* e os penhores que tivesse em seu poder.

Na ordem processual, a história conheceu decreto do divino Marco Aurélio, com o qual sentenciava o seguinte: "se entenderes ter algumas reclamações para fazer, deves exercitar as ações correspondentes". Assim se tentava evitar a violência, pois como Marciano alegasse: "não fiz violência alguma". E por sua vez o César considerou: "Entendes que há violência só quando os homens fossem feridos?". Assim, chegou-se a considerar que existia violência tantas vezes quantas alguém exige o que crê que se lhe deve sem valer-se do juiz[112].

Do ponto de vista processual, segundo a Lei das XII Tábuas (1, 1-3), como já vimos, de se citar a alguém ante o magistrado, este devia comparecer, pois caso contrário, o demandante tomava providências usando testemunhas. (Ver Tábua I)

No direito romano se conheciam das ações, as quais não eram outra coisa que o direito a perseguir em juízo o que se nos deve: *nihil aliud est actio quam ius quod sibi debeatur, iudicio persequendi* (D., 44, 7, *de obligationibus*, 51 Celso).

---

111 CRETELLA, Júnior, J. Op. cit., p 406.

112 RAMOS J., Arias. Op. cit., p 294.

Assim, quem queria exercitar uma ação devia se manifestar (*edere actionem, edere iudicium*); pois parecia justo que quem queria demandar devia iniciar uma ação (D., 2, 13, *de edendo*, 1, pr., Ulpiano)

Por outro lado, para acabar com os litígios se introduziu na prática, a santidade do juramento, pela qual, bem pelo acordo dos mesmos litigantes, bem por autoridade do juiz, se decidiam os conflitos.

A respeito dizia o pretor: "A quem pede-se juramento, lhe forçarei a pagar ou a jurar". Escolhia, pois, o demandado o um ou o outro: ou pague ou jure; se não jura, será obrigado pelo pretor a pagar: *ait praetor: Eum, a quo iusiurandum petetur, solvere aut iurare cogam; alterum itaque eligat reus, aut solvat aut iuret; si non iurat, solvere cogendus erit a praetores* (D., 34, 6, Ulpiano).

Quem confessava se tinha por julgado e condenado, em certo modo (por sua própria sentença). Assim, era considerado como julgado o confesso de coisa certa, não incerta.

Durante todo o desenvolvimento histórico-jurídico de Roma foram conhecidos, do ponto de vista processual, três sistemas de processos com características muito peculiares e correspondente a cada período. Esses processos foram denominados da seguinte forma:

1ª) Processo das ações da lei (*legis actiones*: fundação da *civitas* até a *Lex Aebutia*; que introduz o processo formular);

2ª) Processo formular (*per formulas*: até o fim do terceiro século do império);

3ª) Processo extraordinário (*extra ordinem*: do *Dominato* no III sec. d.C. até Justiniano)

9.1. Processo das ações da lei (*legis actiones*: fundação da *civitas* até a *Lex Aebutia*; que introduz o processo formular)

As *legis actiones* eram processos civis legais, reservados, em princípios, aos cidadãos romanos, chefes de famílias, para o reconhecimento de um direito ou para a execução de um julgamento.

Segundo suas características, diz-se que eram processos judiciários (submetidos à *ordo judiciorum privatorum*, ou seja, à divisão da instância em duas fases: *in jure* e *in judicio*), legais (se opõem aos processos consuetudinários e às ações criadas posteriormente pelo magistrado), formalista (obedecem a rituais imutáveis, a gestos e palavras solenes, predeterminadas[113].

9.2. Processo formular (*per formulas*: até o fim do terceiro século do império)

Surge em Roma um novo modo de dirimir as controvérsias entre particulares, que ganha terreno quando Augusto, pelas leis *Júlias Judiciárias*, proscreve o primitivo ritual caracterizado pela fórmula. A fórmula é o escrito, redigido pelo magistrado *in jure*, com a indicação da questão que o juiz deve resolver. Neste período, a *actio* pode ser definida como o direito de perseguir, pela fórmula, o que nos é devido[114].

As partes das fórmulas (*partes autem formularum hae,* Gaio, 4, 39-43) eram:

a) *demonstratio*;

b) *intentio*;

---

113 CRETELLA, Júnior, J. Op. cit., p 412-413.

114 Ibid., p 423.

c) *adiudicatio*;

d) *condemnatio*.

Demonstratio era aquela parte da fórmula que se inseria ao princípio, para indicar o assunto de que se tratava, por exemplo:

"Porquanto A. vendeu a B um escravo", ou "Porquanto A depositou a B um escravo".

Intentio era aquela parte da fórmula na qual estava encerrado o que desejava o autor. Por exemplo:

"Se resulta que B deve dar a A uma quantidade de bens ou coisas determinadas"; ou "O que resulte que B deve dar ou fazer... a favor de A".

Adiudicatio era aquela parte da fórmula pela qual se permitia ao juiz adjudicar uma coisa a um litigante; por exemplo:

"Quanto devas adjudicar a A, adjudique-se ".

Condemnatio era aquela parte da fórmula na qual se conferia ao juiz a potestade de condenar ou absolver. Por exemplo:

"Se condena a B a entregar a favor de A, certa quantidade de dinheiro".

Eram chamadas também de exceções peremptórias ou dilatórias. As peremptórias eram aquelas que tinham valor perpétuo e não podiam ser afastadas, do fato por causa do medo, por dolo ou contra a lei ou o senado consulto, ou a *res iudicata vel in iudicium deducta* ou a de ter-se celebrado pacto.

Dilatórias eram as exceções que valiam durante um prazo, como a de ter-se celebrado pacto no qual, se estabeleceu que não se reclamaria o cumprimento de uma obrigação durante determinada data ou prazo.

Regulou-se a *replicatio* como outra possibilidade ou momento do processo e a *duplicatio* como adição par ajudar ao demandado, quando se entendia injusta a primeira: *interdum autem evenit, ut rursus replicatio quae prima facie iusta sit, inique reo noceat: quod cum accidat, adiectione opus est adiuvandi rei gratia, quae duplicatio vocatur* (Gaio, 4, 127).

Em princípio se entendia que depois do meio-dia, se lhe devia adjudicar o objeto litigioso a quem estivesse presente: *post meridiem praesenti litem addicito* (Lei das XII Tábuas, I, 8).

Do ponto de vista da prova, incumbia a mesma a quem afirmava, e não a quem negava. Em quanto às exceções o demandado devia fazer as vezes de ator, e provar a exceção como se fosse uma demanda; de tal modo, que se, por exemplo, utilizasse a *exceptio pacti conventi*, devia demostrar a existência de pacto convênio.

Perseguia-se a coisa e a imposição da pena (ao demandado) em aqueles casos, nos quais, opondo-se à demanda, pleiteando pelo duplo, como acontece na *actio iudicat*.

Se mandava a fazer notificação formal (*denuntiatio litis*) ante os reitores das províncias ou ante aqueles que têm faculdade para levantar atas, a fim de evitar que por uma declaração privada, descrevendo nomes de mortos ou ausentes em diversos países o que não existem em nenhuma parte do mondo, se aplique um falso testemunha a coisas não realizadas.

Contra a prova escrita não era procedente a não escrita. Igualmente como regra se ordenou que nenhum juiz consenti-se admitir em causa a declaração de uma só testemunha.

Era conveniente que o juiz analisasse com plena indagação, a natureza do assunto, e que interrogasse, depois, muitas vezes ambas as partes, se porventura desejassem agregar algo novo, já que isso isso seria proveitoso para elas.

O juiz devia procurar dar uma sentença de quantidade determinada ou coisa certa, ainda que se tivesse acionado sobre uma quantidade incerta.

Papiniano resolveu que o juiz, por sentença, tinha que julgar não só sobre absolvição do demandado, mas condenar também o autor se se determinasse que ele estava obrigado.

Devia interpor-se a apelação estando terminado todo o litígio, já que ninguém se prejudica porque em médio do pleito se tive-se ditado uma *interlocutio* que denegue um direito.

Os *libelli* apelatorios deviam conter o nome de quem os apresentava e a sentença contra que se apelava.

Se alguém apelar oralmente, de modo que conste nas mesmas atuações, seria suficiente dizer: "Apelo".

Uma vez interposta a apelação deviam ser enviados os escritos (*litteras dimissorias* ou *apostolos*) a quem devia conhecer da apelação.

Tanto Juliano (D., 44, 2 de except. r. iuD., 3 Ulpiano), quanto Paulo (D., 44, 2 de except. r. iud., 31 Paulo) consideraram a coisa julgada como uma exceção que não produzia benefícios nem prejuízos para os que não participavam no pleito.

9.3. Processo extraordinário (*extra ordinem*: do *Dominato* no III sec. d.C. até Justiniano)

Como nos ensina Cretella Júnior, o processo extraordinário tem sua fonte no hábito do Imperador, desde o início do império, em julgar pessoalmente os processos, desprezando por completo as formas tradicionais, bem como as normas jurídicas em vigor, confiando aos funcionários imperiais a tarefa de julgarem os litígios entre particulares, quando se referissem direta ou indiretamente à administração. Portanto, o traço essencial do processo extraordinário é sua realização completa diante de um só magistrado, desaparecidas as fases *in jure e in judicio*.

Iniciava-se a instância pela *litis denuntiatio* (C. Th., 2, 4, 2, Contantino), citação do réu por via administrativa. A *litis denuntiatio* foi substituida posteriormente pela citação *ex officio*, que se acha no *processo por libelos*, da época de Justiniano.

O *libellus conventionis* é um escrito feito pelo autor e remetido ao juiz, resumindo as pretensões que julga de seu direito. O juiz recebe o escrito, examina-o para ver se não ofende os princípios jurídicos ou morais e, achando-o conforme, faz a citação do réu ("*conventio*", "*convenire*"). A citação era feita pelo executor, agente judiciário. O réu tinha o prazo de 10 dias (mais tarde aumentado para 20) para contestar as alegações do autor. Para isso faz entrega ao juiz do *libellus contradictionis*[115]. (C., 7, 40, de annali except., 3, pr. E 3 Justiniano)

---

115 CRETELLA, Júnior, J. Op. cit., p 434-438.

Bibliografia

ARANGIO-RUIZ, Vicenzo. *Instituciones de Derecho Romano.* Tradução da 10. ed. italiana por José M. Caramés Ferro. Buenos Aires: Depalma, 1986.

ARIÈS Philippe & DUBY Georges. *Histróra da vida privada do Império Romano ao ano mil.* Tradução Hildegard Feist. 11. Reimpressão. São Paulo: Companhia das Letras, 1985.

BARROS Monteiro, Washington de. *Curso de Direito Civil. Direito das Obrigações.* 26. ed. São Paulo: Saraiva, 1993.

BIONDI Biondo. *Istituzioni di Diritto Romano.* Milano: DOTT. A. GIUFFRÈ, 1972.

BONFANTE, Pietro. *História del Derecho Romano.* Madrid: Revista de Derecho Privado, vol 1, 1944.

BRETONE, Mario. *História do Direito Romano.* Lisboa: Estampa, 1990.

CARLETTI Amilcare. *Curso de Direito Romano.* São Paulo: Leud, 2000.

CASTÁN Tobeñas, José. *Derecho Civil español, Comun y Foral.* Madrid, 1991.

CERESER Pezzella, Maria Cristina. *Propriedade privada no Direito romano.* Porto Alegre: Sérgio Antônio Fabris, 1998.

CLEMENTE Díaz, Tirso. *Derecho Civil Parte General.* La Habana: MES., 1984.

CORRÊA, Alexandre & SCIASCIA Gaetano. *Manual de Direito Romano.* 6. ed. São Paulo: Revista dos Tribunais.

COULANGES Fustel de. *Estudos sobre o culto, o direito, as instituições da Grécia e de Roma.* Tradução de Jonas Camargo Leite e Eduardo Fonseca. 12. ed. São Paulo: Hemus, 1975.

Código de Hamurabi: Código de Manu, excertos: (livro oitavo e nono): Lei das XII Tábuas./ supervisão editorial Jair Lot Vieira. Bauru, SP: EDIPRO, 1994.

CRETELLA, Júnior José. *Curso de Direito Romano.* 14. ed. revista e aumentada. Rio de Janeiro: Forense, 1991.

________. *Direito Romano Moderno.* 6. ed. revista e aumentada. Rio de Janeiro: Forense, 1994.

CRUZ José Rogério & Tucci Luiz Carlos de Azevedo. *Lições de história do processo civil romano.* São Paulo: Revista dos Tribunais, 1996.

CURTIS Giordani, Mário. *Iniciação ao Direito Romano.* Rio de Janeiro: Liber Juris, 1986.

________. O Código Civil à luz do Direito Romano. 2. ed. Rio de Janeiro: Lumen juris, 1996.

DA SILVA Pereira, Caio Mário. *Instituções de Dierito Civil.* 15. ed., Rio de Janeiro: Forense, Vol 2, 1997.

DÍAZ Pairó, Antonio. *Teoría General de las Obligaciones.* La Habana: MES, vol 1, 1960.

DIEZ-PICAZO, Luis e Antonio Gullón. *Instituciones de Derecho Civil.* Madrid: Tecnos, 1995.

DINIZ, Maria Helena. *Curso de Direito Civil Brasileiro. Teoria das Obrigações contratuais e extracontratuais.* 4. ed. São Paulo: Saraiva, Vol 3, 1986.

_______. *Tratado Teórico e Prático dos Contratos.* São Paulo: Saraiva, 1993.

FILARDI Luiz, Antônio. *Curso de Direito Romano.* São Paulo: Atlas, 1999.

GOMES Orlando. *Obrigações.* 11. ed. Rio de Janeiro: Forense, 1997.

LOBO da Costa, Moacyr. *Gaio. Estudo Biobibliográfico.* São Paulo: Saraiva, 1989.

LUDWIG Enneccerus. *Derecho de las Obligaciones. Doctrina Especial.* Barcelona: Bosch, vol 2, 1994.

MARKY Thomas. *Curso elementar de direito romano.* 8. ed. São Paulo: Saraiva, 1995.

MATOS Peixoto, José Carlos de. *Curso de Direito Romano. Parte Introdutória Geral.* 4. ed. Rio de Janeiro: Renovar, 1997.

MARTÍNEZ Escobar, Manuel. *Obligaciones y Contratos.* La Habana, 1938.

MEIRA, Sívio. *Curso de Direito Romano. Histórica e Fontes.* São Paulo: LTr, 1996.

MOREIRA Alves, José Carlos. *Direito Romano.* 7. ed. Rio de Janeiro: Forense, vol. I, 1991.

NETO Abid. *Curso de direito Romano.* Letras e Letras, 1993.

NORONHA, E. Magalhães. *Direito Penal.* São Paulo: Saraiva, vol. 1, 1997.

PACHECO Fiorillo, Celso Antonio & Marcelo Abelha Rodrigues. *Manual de Direito Ambiental e Legislação Aplicável.* São Paulo: Max Limonad, 1997.

PERAL Collado, Daniel. *Obligaciones y Contratos Civiles.* La Habana: MES, 1980.

PIETRO Alfredo di & LAPIEZA Elli, Ángel Enrique. *Manual de Derecho Romano.* 4. ed. Buenos Aires: Depalma, 1995.

PIVA, Rui de Carvalho. *Bem Ambiental.* São Paulo: Max Limonad, 2000.

POLETTI, Ronaldo. *Elementos de Direito Romano Público e Privado.* Brasília: Brasília Jurídica, 1996.

RAMOS, J. Arias. *Derecho Romano. Selección de textos latinos.* Madrid: Revista de Derecho Privado, vol. III, 1943.

RICCOBONO, Salvatore. *Roma, madre de las leyes.* Traducción de J.J. Santa-Pinter. Buenos Aires: Depalma, 1975.

RODRIGUES, Silvio. *Direito Civil. Dos contratos e das Declarações Unilaterais de Vontade.* 21. ed. atualizada. São Paulo: Saraiva, vol 3, 1993.

RUGGIERO, R. *Instituciones del Derecho Civil.* [s.e.] Madrid, 1929.

SALVO Venosa, Sílvio de. *Direito Civil. Parte Geral.* São Paulo: ATLAS, 2001.

SAYÃO Romita, Arion. *A norma jurídica. As normas jurídicas no Direito do Trabalho.* Rio de Janeiro: Freitas Bastos

SERPA Lopes, Miguel Maria de. *Curso de Direito Civil.* 6. ed. Rio de Janeiro: Freitas Bastos, 1995.

VALPUESTA Fernández Ma R y otros. *Derecho de Obligaciones y Contratos. Derecho de Obligaciones y Contratos.* 2. ed. España, Valencia: Tirant lo Blanch, 1995.

VAZ de Lima Filho, Acacio. *O poder na antigüidade aspectos históricos e jurídicos.* São Paulo: Ícone, 1999.

VILLEY Michel. *Direito Romano.* Tradução de Fernando Couto. Porto-Portugal: Rés, [s.d].

WALD, Arnoldo. *Obrigações e Contratos.* 12 ed. São Paulo: Revista dos tribunais, 1995.

Printed in Dunstable, United Kingdom

91342467R00068